改訂版

「GIGAスクール」を超える

教育界とデジタル技術

高谷浩樹

東洋館出版社

教育界とデジタル技術 ～改訂版 「ＧＩＧＡスクール」を超える～ 目次

Ⅱ章　公教育でのＩＣＴ利活用挑戦の道のり…………………051

Ⅲ章　教育ＤＸがもたらす教育の姿…………………073

序章

一人一台
端末時代の到来

新型コロナによる学校の一斉休業

令和元（二〇一九）年一二月に中国で広がり始めた新型コロナウイルス感染症（COVID-19）は、国内でも令和二（二〇二〇）年一月に一例目が報告されて以来、急速な広がりを見せました。外出行動の抑制や三密（密閉・密集・密接）を避ける行動が奨励される中、二月二七日、当時の安倍晋三総理大臣より全国一斉の学校の臨時休業を要請する方針が出され、三月二日より臨時休業に至りました。

この前例のない事態に、教育界では大きなとまどいが広がりました。その中でも「子供たちの学びを止めない」のかけ声の下、政府レベルから各学校の教職員、更に企業に至るまで、様々な教育関係者によるあらゆる取組が模索されました。

その柱の一つがＩＣＴ技術の利活用でした。多人数での密集や、移動等での不特定多数との接触を回避できることから、テレワークなど社会全体で加速されたＩＣＴの活用が、教育でも感染拡大防止に大きく貢献するとして、取り上げられるのは自然の流れでもありました。

筆者は当時、文部科学省初等中等教育局で情報教育・外国語教育課長としてＧＩＧＡスクール構想の立ち上げを担当していました。この時期は、ＧＩＧＡスクール構想の最初の具体的な施策として、全国の校内ネットワーク整備と端末の先行整備に対する国の大規模な補助金が、令和元年度補正予算として一月三〇日に成立した直後でした。

この補正予算成立に合わせ、文部科学省では一月中旬、「学校ＩＣＴ活用フォーラム」を京都と東京で開催し、当時ほとんど認知されていなかった「ＧＩＧＡスクール構想」の意義とともに、国からの具体的な補助内容の説明を、全国の首長や教育委員会向けに行っていました。これを契機に各自治体で学校ＩＣＴの整備と利活用を進めようとしていた矢先で、到底一人一台端末がこの一斉休業に間に合う状況ではありません。

このため、子供たちには、家庭で利用できるＩＣＴ環境を最大限活用してもらうことを前提とした対応とせざるを得ませんでした。インターネットへのアクセス環境や子供のＰＣ端末の占有時間など、各家庭におけるＩＣＴ利活用に格差が生じることも分かっていました。

ただ、様々な課題があろうとも、この未曽有の非常事態に、格差を理由に足踏みする判断はあり得ません。まずは可能なことに全て取り組んだ上で、ＩＣＴ利活用が困難な子供たちには別の手段を考えればよいはずです。学びを止めないためにはあらゆる手を尽くす必要がありました。

文部科学省では、教育課程課が中心となり、関係府省や公的機関、民間企業等思いつく限りの関係者の協力を得て、三月二日より学習支援コンテンツサイト「子供の学び応援サイト」を急遽開設しました。

各教育委員会でも、学びの支援のためのサイトを開設したり、更には教師の授業動画を撮影し公開したりするところも出始め、担当としても大変ありがたく、心強く思ったりもしました。

一方で、初めての事態に対し、プリントを配布しただけにとどまるなど、積極的なアクションが取られなかった学校もあったようです。筆者にも保護者からのクレームも聞こえてきました。更に教師からは、ＩＣＴを使ってできることを挑戦しようとすると、上役から止められるというような、悲鳴にも似た叫びもありました。

文部科学省が、四月一二日時点で教育委員会など全国の学校設置者を調査したところ、教育委員会が作成した学習動画を活用したのが一〇％、デジタル教材の活用が二九％、同時双方向オンライン指導は五％にとどまっていました。

このような低調なＩＣＴ活用に危機感をもった文部科学省は、四月二一日、教育委員会など学校設置者に「ＩＣＴを最大限活用して遠隔で対応することが極めて効果的」であることから、「まずは家庭のパソコンやタブレット、スマートフォン等の活用、学校の端末の持ち帰りなど、ＩＣＴ環境の積極的な活用に向けあらゆる努力をすること」との通知を出しました。通知は文字面だけだと十分真意が伝わらない懸念もあったため、筆者も担当として何とか文部科学省の現状に対する危機感と積極的な利活用推進への真意を伝える文面となるよう、相当推敲しました。

更に文部科学省の強い思いを伝えるため、一計を案じました。ちょうど端末整備の加速への補助などを含む令和二年度第一次補正予算に関する説明を、教育委員会に対し行うタイミングでした。

従来、文部科学省からの具体的な説明は、各都道府県の教育委員会の担当者に対する説明会を東京で開催し、参加者に各都道府県に持ち帰ってもらって、市区町村の教育委員会に説明してもらうというアナログの形態を取っていました。

この説明会を、市区町村の担当などまで自席で見られるよう、直接文部科学省からオンラインで行うとともに、あえて録画を後から誰でも視聴可能な設定にしました。まさにＩＣＴの利便性を全国の教育委員会担当者に実感してもらおうと考えたのです。更に、その説明会で「この緊急時になぜＩＣＴを使わないのか」と直接語りかけてみたところ、珍しさもあって、報道でも取り上げられるなど多くの反響がありました。

一人一台端末の実現

この令和二年度第一次補正予算は、コロナ禍に対応するため緊急にＧＩＧＡスクール構想を加速させることを目的としたものでした。全国一斉休業後も新型コロナウイルス感染症の第二波以降の流行も考えられ、学校や学級単位での休業も想定された（実際そうなった）ことから、端末整備の大幅前倒し、家庭での接続確保のためのＬＴＥルータへの支援などを内容としていました。

第一弾となる令和元年度補正予算と合わせると、端末や校内ネットワーク整備に対し四六一〇億円にも達する巨額の国の支援となりました。ところが、思いがけないことに、各地の教育委員会などからは、世界的なコロナ禍による半導体不足等で端末が十分調達できないと地元業者から言われ困っている、といった相談が多数寄せられました。校内ネットワーク整備のための設備調達や工事の遅延、停滞についての相談もありました。この状況を「ＧＩＧＡスクール構想の停滞」として、施策への批判として報道するものも出始めました。

当時の萩生田光一文部科学大臣は、ＧＩＧＡスクール構想による一人一台端末を一日も早く実現できるよう、当初から随時状況を把握した上で、二月には直接産業界の関係企業を集めて協力依頼を行うなど、先頭に立って推進していました。コロナ禍という社会全体の非常事態では、産業界との連携も、より重要度を増すこととなっていました。

筆者が多く携わってきた研究開発行政では、大学や研究機関とともに、医療、建設、エネルギーなど様々な分野の企業と連携して事業を進める機会が多くありました。前例のない学校への大規模ＩＣＴ導入、コロナ禍という非常事態の中では、この企業連携の知見も生かしながら、各地で起こる問題の個別解決に向け、各企業に様々無理なお願いもしました。例えば地元企業から端末調達は困難だと言われた自治体には、ＯＳ事業者などに文部科学省から直接依頼するといった商的流通への直接介入も行い、多くの企業にも協力していただきました。

それら関係者全員の努力の結果、全国の児童生徒一人に一台の端末が行き渡ることとなりました。令和四（二〇二二）年度末に整備が残っていた二自治体も令和五（二〇二三）年度中には整備を済まし、全自治体での一人一台が現実のものとなります。

その後の端末活用の進展と混迷

学校でのＩＣＴ利活用には、端末を行き渡らせるだけでなく、これまで活用経験がなかった学校の教職員への具体的な事例の周知啓発が必要でした。文部科学省では全国の学校や自治体で創出された優良事例を全国で共有するため、StuDX Styleサイトを開設しています。教職員支援機構や各自治体など、公的機関も情報発信や研修等の機会を提供しているところが多くあります。

民間企業でも、学校現場の利活用促進が円滑に進むよう、積極的に取り組んでいるところが多くあります。例えばMicrosoft、Google、AppleのＯＳ三社は、それぞれのＯＳを利用する学校の教職員向けに、無料の研修や学習プログラムを提供しています。活用事例や手法を紹介した様々な書籍等も次々発刊されています。各地の教職員からの自らの活用例の発信もＳＮＳ等で多く目にするようになりました。

文部科学省が令和三（二〇二一）年七月末時点で教育委員会など公立学校設置者対象に行った調査によれば、全国の公立小学校等の九六・一％、中学校等の九六・五％が一部の学年でも端末の利活用を開始したと回答しています。

端末の全国展開により、ＩＣＴに可能性を求める人々の間では「学びの変容」「ＳＴＥＡＭ教育」

「履修主義から修得主義」「ＡＩを活用した教育」など、様々なキーワードの下で新たな教育像について議論が活発化しています。「ネクストＧＩＧＡ」などと銘打ってＳＮＳを含めたインターネット上の情報や書籍等も豊富です。このような様々なアイデアや議論には大いに期待したいと思います。

しかし、残念ながら教育現場の実態は順調とは言えません。

令和四年四月に実施した全国学力・学習状況調査では、小学六年生と中学三年生に利活用状況を回答してもらっていますが、ほぼ毎日使うとの回答は小・中学校ともに五〇％を超える程度にとどまっています。更には、都道府県、政令指定都市別に見ると、九割を超えるところもあれば、三割を切る自治体もあります。

自治体や学校による格差が急速に広がっています。

確かにＩＣＴの日常使いを実現し、先進的な取組を進める教育現場では、新たな教育の姿が実践されつつあります。しかし、その数はまだ限られています。

国が先頭に利活用を推し進めていますが、多くの教育現場では、今なおＩＣＴ利活用へのとまどいの声が多く聞かれます。単にＩＣＴを使った従来型授業の延長といった姿も相当数存在します。通信や端末のトラブルが多発したり、思った以上に経費が必要だったりといった様々な課題も聞こえてきます。依然としてＩＣＴの意義を見いだせず、利活用に消極的な学校もある中で、いまだＧ

ＩＧＡスクール構想を批判的に捉える論調も聞かれます。

現状に対する問題意識

このような混乱が広がる状況を見るにつけ、筆者には教育界全体に大きな視点が抜け落ちていると感じられてなりません。

それはＩＣＴというデジタル技術からの視点です。特に技術開発行政をバックグラウンドにもつ筆者からすれば、教育でのＩＣＴ利活用の話題が教育論や教育手法のみに終始している様子に危うささえ感じます。

「なぜＩＣＴを使わなければならないのか」
「ＩＣＴを使うよさは何か」
「使えと言われても何をすればよいのか」
「デメリットはないのか」

このような声はＩＣＴ技術自体の特性が十分理解されていないことが大きな要因ではないでしょうか。利活用が進まない学校現場に対して、事例紹介のような単なる啓発活動や、将来の教育像の提示という方策のみでは限界があります。先の疑問に答えるためにも、デジタル技術への向き合い方が求められているように思えます。

努力してＩＣＴ利活用を進めようとしても、従来型授業から抜け出せず、教職員の負担が増えてしまうのも、ＩＣＴ、デジタル技術の可能性が十分理解されていないことが原因のように思えます。

ＩＣＴに新たな教育の可能性を見いだす議論の中にも、技術への理解不足や軽視から、あたかもＩＣＴが魔法の杖のように万能なものと扱うものや、ＩＣＴと無関係な教育像がＩＣＴの名の下で持ち出されるものも見受けられます。

やたらＩＣＴを喧伝する「専門家」の言葉にも危うさを感じます。今がビジネスチャンスとばかり、教育現場に耳当たりのよい言葉ばかり並べる一方で、技術自体が内包する様々な問題を避けているように聞こえてなりません。

このままではＧＩＧＡスクール構想は行き詰まります。

本書の目的

教育のＩＣＴ化を全国で円滑に進め、更に今後デジタル技術を活用した新しい教育の姿を実現していく、いわゆる教育デジタルトランスフォーメーション（教育ＤＸ）を適切に進めていくためには、全ての教育関係者の方に、教育論だけでなく、ＩＣＴ、デジタル技術という視点をもつことの重要性だけでも改めて意識してほしいと考えています。これが、本書執筆の目的です。

デジタル技術といっても、高校の「情報Ｉ」のような専門的な内容ではありません。むしろ教育関係者の方々には、そもそもＧＩＧＡスクール構想に至る理念に立ち戻ってほしいと考えています。ＩＣＴという技術を教育にどう生かすかという基本的な視点が、本来のＧＩＧＡスクール構想にしっかりと組み込まれているからです。

更に、デジタルという技術そのものに焦点を当てることで、本来教育ＤＸで欠かせないものであるにもかかわらず、これまで教育界で関心が向けられていなかったものの重要性がおのずとプレイアップされてくることにもつながります。

一つはネットワークやクラウドなどの「デジタル基盤」、更には技術を取り巻く様々なプレーヤー、中でも「企業」です。

問題意識を言い替えれば、教育界にこれらの存在、重要性がいまだ十分認識されていないことが、利活用方法のみならず通信環境や費用、個人情報の扱いなど様々な混乱をもたらしている要因であるとも言えます。

本書の内容

このため、本書では教育のＩＣＴ化をＩＣＴ、デジタル技術から捉えていきます。まずは黎明期からＧＩＧＡスクール構想に至るまでの教育におけるＩＣＴ利活用の道程、現在の一人一台端末がもたらす教育の姿、更には今後の教育ＤＸの目指す方向性を示した上で、未来に向かう上で乗り越えなければならない問題を、技術に詳しくない方にもできる限り分かりやすく整理したいと考えています。

本書は、教育に少しでも関心をもつ全ての方に幅広く読んでいただきたいと思いますが、特に学校管理職や教育委員会など、ＩＣＴ利活用の旗振り役であるべき方、ＩＣＴ支援員など学校現場でＩＣＴ利活用を先頭に立って支援する方、更には企業や研究者など教育ＤＸを支えていく方には直接的なメッセージを多く含めたつもりです。

Ⅰ章では、政府がＧＩＧＡスクール構想に至った経緯や背景にある理念について紹介します。ここではＧＩＧＡスクール構想立ち上げに関する記録としても参照いただけるよう、文部科学省や筆者の当時の経緯なども可能な限り記しています。

Ⅱ章では、ＧＩＧＡスクール構造以前、黎明期からの学校でのＩＣＴ活用に向けた様々な挑戦の道程を振り返ります。そこから見いだされた課題などから、ＧＩＧＡスクールの根本の考え方に至った経緯などの理解にもつなげたいと思います。

Ⅲ章はＧＩＧＡスクール構想がもたらす教育現場の姿を見ていきます。デジタル技術を使って各地で実践されている令和の日本型学校教育の具体例とともに、改めてデジタル基盤の重要性を確認していきます。

Ⅳ章では教育ＤＸの将来像として、データ駆動型教育を紹介します。すでに社会で一般的なデータ駆動の仕組みとともに、学校現場で生み出される教育データを利活用する際のメリットと留意点を整理していきます。

Ⅴ章とⅥ章では、筆者のＧＩＧＡスクール構想立ち上げの経験も踏まえながら、学校にデジタル技術が根付いていくために皆で乗り越えなければならない「壁」を指摘していきます。そのうちⅤ章では教育界で長年醸成されてきた文化に根付く壁を、Ⅵ章ではＩＣＴが導入される過程で新しく生じている壁をそれぞれ紹介します。

Ⅶ章では、全体をまとめつつ読者の皆様へのメッセージをまとめていきます。

新版への改訂に際し、全編にわたり様々加筆・修正しています。特に各地で実践されている具体的な好事例をⅢ章で多数紹介するとともに、将来の姿としてのデータ利活用をⅣ章にまとめて再構成しました。また、Ⅴ章以降では、その後の教育現場の実状を踏まえ、新たな観点に大きく整理し直しています。

Ⅰ章

GIGA スクール構想に至った背景

1　技術がもたらす社会の変革

デジタル技術による社会の変革

今、私たちの社会は大きく変わりつつあります。留守中に自分で掃除するロボット。人の問いかけに天気予報など様々な情報を教えてくれるスピーカー。音声や外出先からスマートフォンで稼働する家電。外出先からのペットの見守りシステム。身に着ければ健康状態を自動的に知らせてくれるデバイス。家庭生活を便利にする新たなモノが次から次へと生まれ、私たちの生活に浸透しつつあります。

ネットショッピングやカーシェアリングは、買い物や自家用車の管理負担から解放してくれます。ＡＩ（人工知能）分析を使った資産運用アプリは、経済の深い知識がない人でも投資ができるようになりました。自動運転の車や空飛ぶ宅配は実用化目前です。

職場環境に目を移すと、企業の人事や会計など事務一切を効率化するクラウドサービスの広告が至るところで見られるようになりました。店舗での注文や支払いの接客業務はコロナ禍で急速に自動化してきました。

作業代行ロボット、無人トラクターやドローンは、農業の人手不足、後継者不足を補っています。更に温度や湿度などセンサーで取得した様々な情報を、熟練作業員の経験データとともにＡＩが判断して作業を行うことで、人工的に収穫率が上がっています。これまでの農業の姿が一変されつつあります。

電子マネーやＱＲコードを使ったキャッシュレス決裁の浸透は、飛鳥の時代から続いていた硬貨や紙幣というお金の概念を変えつつあります。

そして生成ＡＩの登場です。誰でも簡単に様々な用途に使えることから、世界で爆発的に普及しています。これからの社会で極めて身近な存在になることは避けられません。

このような急激な変化は、加速度的なデジタル技術の発展によるものです。ＩｏＴ（モノとインターネットをつないで相互に通信して制御すること）、ＡＩ、ビッグデータ、ロボット、５Ｇ通信などの技術がこれらの変化をもたらしています。いずれも計算機の処理性能の向上、データ保存の大容量化、大容量通信の高速化により実現化したものです。

このような技術がもたらす変革が、個人の生活を変え、働き方を変え、産業構造を、社会の在り方を変えつつあります。

Society 5.0

これまでも人類は新たな技術による社会の変革を経験しています。

狩猟社会に農耕技術がもたらされると、多くの狩猟民が農耕に携わるようになりました。蒸気機関の発明は、農耕民を工業社会の労働者へと変えていきました。情報社会は高度な技術や情報を扱う知識集約型産業を大きく発展させました。

生活や働き方、社会の変化を見ても、今起こりつつある変革はこのような大きなインパクトを人類にもたらすものです。

この社会構造の変革という波が到来する中、日本政府は平成二八（二〇一六）年にSociety 5.0という概念を打ち出しました。狩猟社会、農耕社会、工業社会、情報社会に続く五番目の社会の姿を、受け身でなく私たちが積極的に目指す姿として示した概念です。

Society 5.0では、まず私たちが実際に生活している世界を現実空間（フィジカル空間）と定義します。一方、私たちの世界に関する様々なデータはそれだけで一つの世界ができ上がります。このビッグデータと呼ばれる膨大な情報から成る世界を仮想空間（サイバー空間）とします。この「フィジカル空間とサイバー空間を高度に融合させることで、経済発展と社会的課題の解決を両立させ、人間中心の社会を目指すこと」がSociety 5.0の目指す姿とされています（図I－1）。

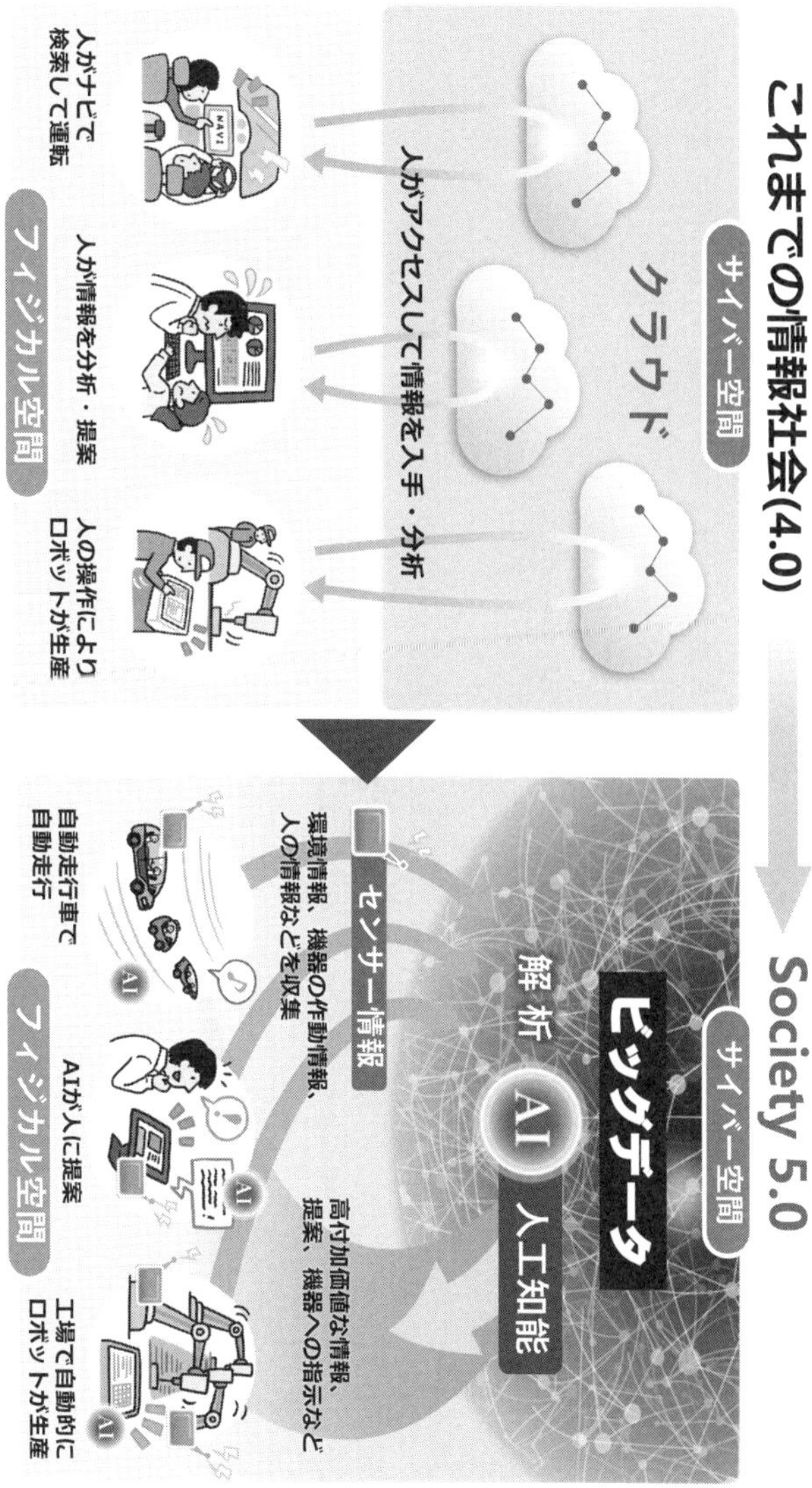

図1-1 Society 5.0の仕組み
出典：内閣府作成資料

現実世界での様々なデータが、まずインターネットを介してクラウド上に集積します。それらをＡＩで解析し、その結果がインターネットを通じ現実世界に返ってくる。そしてそれが私たちの生活を便利にするという姿は、最初に紹介した様々な具体例からもイメージしてもらえるのではないかと思います。

働き方、生き方の変革

このような変革の中では働き方も大きく変わります。

先ほどの具体例でも知的業務の自動化、無人化につながっているものがありました。二〇一三（平成二五）年に、オックスフォード大学のマイケル・Ａ・オズボーン准教授とカール・ベネディクト・フレイ博士は「今後一〇年から二〇年程度で、半数近くの仕事が自動化される可能性が高い」と分析し、これを基に野村総合研究所が行った分析では、日本では労働人口の四九％が就いている職業が機械に代替可能と試算しています。

また、ニューヨーク市立大学大学院センターのキャシー・デビッドソン教授が二〇一一（平成二三）年にニューヨークタイムズ紙に語った「子供たちの多くは将来、今は存在していない職業に就く」との発言も今の変革を端的に表しています。

事実、今の若者の中には、高度経済成長を支えた従来の企業への就職を志向せず、新たなビジネスモデルを開拓するベンチャーの起業を日指す者が増えているという現実があります。今後多くの職業がデジタル技術を駆使して効率化が進む一方、若者のクリエイティブな発想力で新しい職業が次々と創造されることは歴史の必然と言えるでしょう。

更にこの変革を全世界に強く意識させることになったのは生成ＡＩの登場です。

従来のＡＩではあまり想定されていなかった、人間の創造性を要する活動も代替できる可能性もあり、その影響についても様々な分析がなされています。世界的なコンサルタント会社であるマッキンゼー・アンド・カンパニーが二〇二三（令和五）年六月に分析したレポートでは、生成ＡＩなどの技術は、現在人が担っている業務活動の六〇〜七〇％を自動化する可能性を秘めているとしています。

私たちの目に見える以上の社会の大変革が進んでいます。

2　社会の変革に対応した教育の姿

新たな社会とあるべき教育の姿

このような社会の急激な変革の前では、期待とともに様々な不安や懸念の声も聞かれます。「技術が分からないと社会から取り残されるのではないか」、「今学校で教わることは、時代の変化で通用しなくなるのではないか」、更には「人工知能が人間の職業を奪うだけでなく、人間より賢くなり人工知能が支配する社会になっていくのではないか」など。次の時代を生きる子供たちには極めて切実な問題です。

最近でも令和五（二〇二三）年九月、大手進学塾の調査によると、自教室に通う小学生をもつ保護者のうちおよそ三分の二が、子供の将来の職業選択に生成ＡＩが影響を与えると考えていると回答しています。

このような社会の中、教育はどうあるべきでしょうか。

すでに平成二八（二〇一六）年、学習指導要領の改訂に向けた中央教育審議会の答申の中で、次のように示されています。「子供たち一人一人が、予測できない変化に受け身で対処するのではなく、主体的に向き合って関わり合い、その過程を通して、自らの可能性を発揮し、よりよい社会と幸福な人生の創り手となっていけるようにすることが重要である」。

併せて、このような変革がＩＣＴ技術によってもたらされていることにも注目しなければなりません。情報や情報技術を受け身ではなく、主体的に選択して活用していく力、つまり情報活用能力の育成が求められます。

平成二八年度から順次改訂告示された小学校、中学校、高等学校、特別支援学校の学習指導要領では、情報活用能力を言語能力と同様に学習の基盤となる資質・能力と位置付け、学校のＩＣＴ環境整備とＩＣＴを活用した学習活動の充実が明記されました。

そして、小学校ではプログラミング的思考を育成するプログラミング教育の導入、中学校技術・家庭科技術分野でプログラミングに関する内容の充実、高等学校では共通必修科目「情報Ⅰ」が導入されることとなりました。

ＩＣＴを学習活動で活用する大きな契機になるデジタル教科書についても動きがありました。

平成二八年一二月に公表されたデジタル教科書の位置付けに関する検討会議のまとめでは、「学びの充実が期待される教科の一部について、教科書に代えて使用することで、教科書使用義務の履行を認める特別の教材としてデジタル教科書を位置付ける」とされ、この方向性に沿った学校教育法が平成三一年四月より施行されました。そして、令和六年度から全ての小・中学校を対象に、順次提供されていくことになります。

学校現場のICTの実態

ところが、GIGAスクール構想以前の学校のICT環境の実態は非常に厳しいものでした。政府の「学校のICT化に向けた環境整備五か年計画」では、子供たちが毎日少なくとも一時間の授業はパソコンを使った授業をすることを目指していました。そして、一日六時間のうち、授業に向けた準備や片付けを間に挟みながら交代で使うことを考えて、具体的にはパソコンを三クラスに一クラス分整備することが目標とされていました。

文部科学省は毎年「学校における教育の情報化の実態等に関する調査」の中で、全国の公立学校のICT環境整備の調査を行っています。GIGAスクール構想直前の平成三一年三月の結果を見ると、全国の教育用コンピュータは約二一七万台でした。全児童生徒数が一一六七万人ですから、端末一台当たり五・四人と、目標には遠く及びません。更に、一年間の端末の増分はおよそ七万台でしたので、三クラスに一クラス分という目標達成は全く現実味のない状況でした。自治体ごとに整備状況に大きな格差が見られるという問題もありました(図Ⅰ-2)。

更に、これら整備されたICT環境が実際どれだけ学校教育で活用されているのかについて、興味深い比較調査があります。OECD生徒の学習到達度調査(PISA)は三年に一回、義務教育

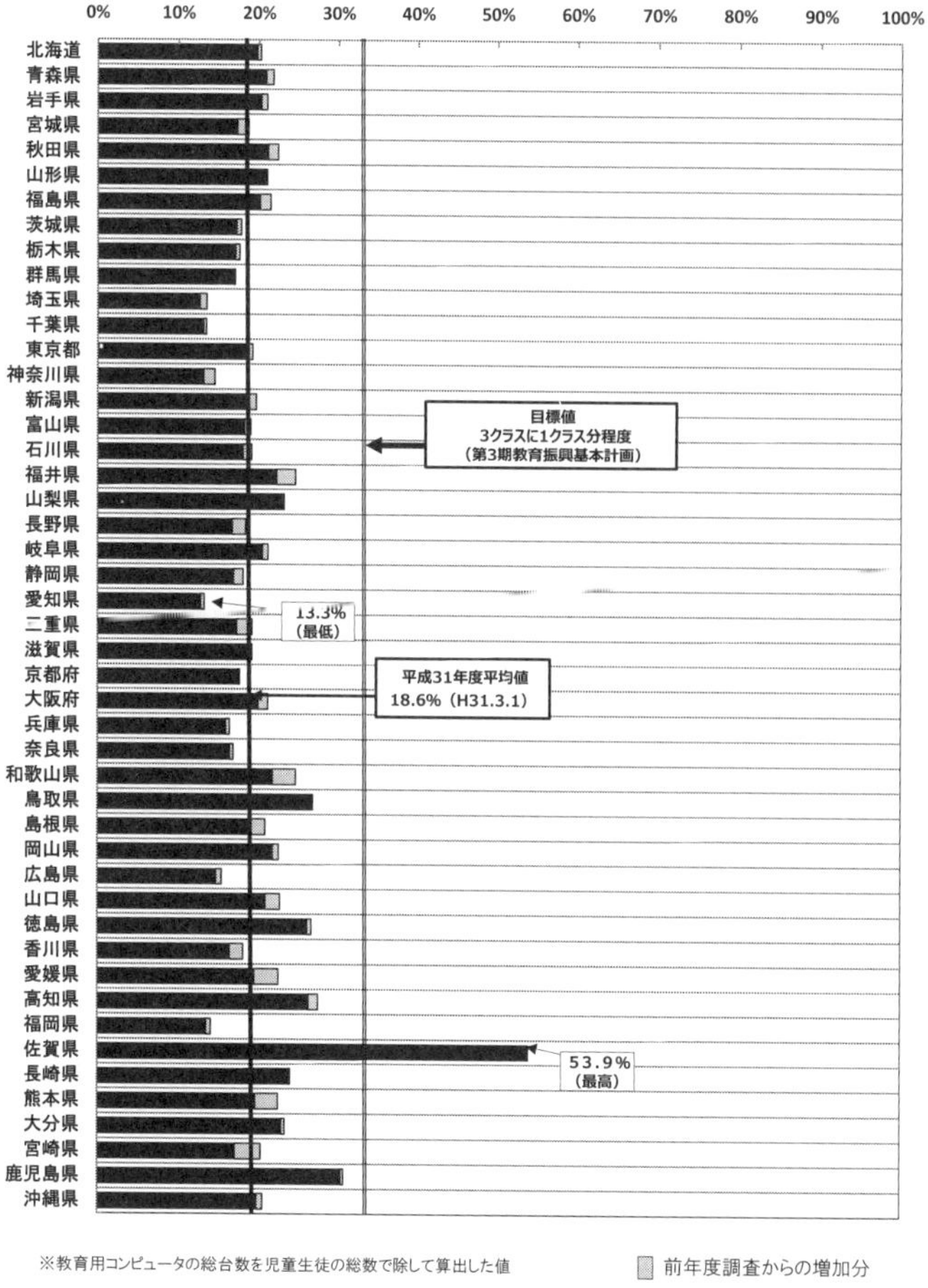

図 I - 2　平成 31 年（2019 年）3 月 1 日現在 都道府県別 教育用コンピュータ整備率

出典：学校における教育の情報化の実態等に関する調査（平成 31 年 3 月現在）

修了段階の一五歳を対象に、ＯＥＣＤ加盟国以外の国や地域からも広く参加して調査がなされます。日本では毎回読解力、数学知識、科学知識の順位が注目されますが、併せて生徒の学校・学校外におけるＩＣＴ利用についても調査が行われています。

図Ｉ－３は二〇一八年に行われた調査結果の一つです。他の生徒と共同作業をするためにコンピュータを使う頻度を児童生徒に聞いた結果を、「毎日」と「ほぼ毎日」を合計し、多い国や地域の順にグラフにしたものです。日本は最も少ないだけでなく、圧倒的に低い状況にあることが見て取れます。

教科ごとの結果もあります。図Ｉ－４は一週間のうち、教室の授業でデジタル機器を利用する時間を教科ごとに示したものですが、いずれも日本はＯＥＣＤ平均より相当低い結果です。国立教育政策研究所がＰＩＳＡ結果を抜粋した日本語資料を公表していますが、いずれもＯＥＣＤ加盟国中最下位です。また図Ｉ－５は学校外での平日の学びに関するデジタル機器の利用状況をＯＥＣＤ平均と比較したものから抜粋したものです。いずれも最低です。

これらの比較を見て、日本という国がＯＥＣＤ諸国や中央アジア、中南米諸国など調査参加国よりＩＣＴ化が遅れていると見なす人はいないでしょう。日本の子供たちはＩＣＴ機器に触れる機会が少ないわけではありません。むしろ同じ調査の別項目、「１人用ゲームで遊ぶ」、「ネット上でチャットをする」と答えた子供の割合は調査国中トップです（図Ｉ－６）。

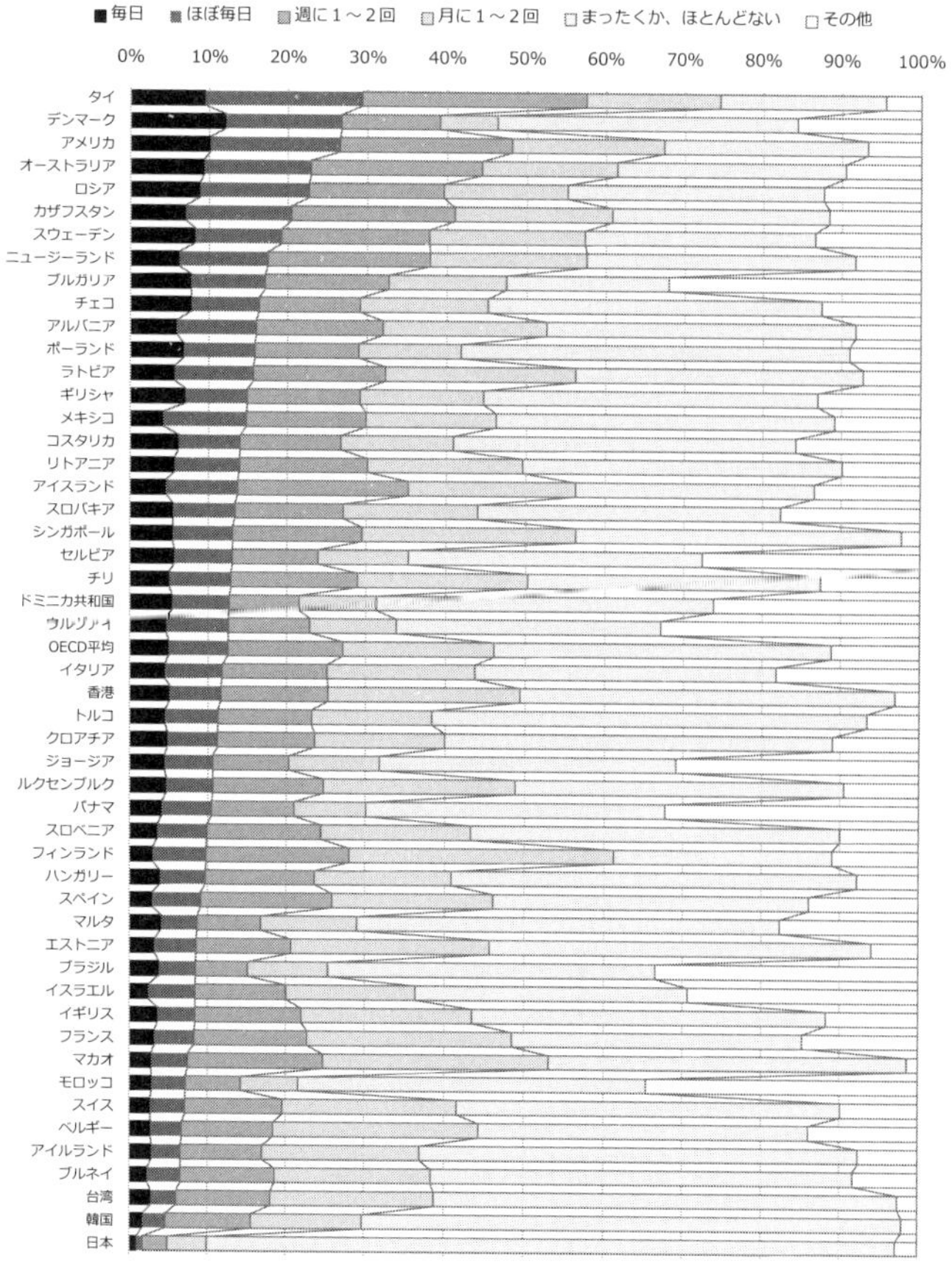

図Ⅰ-3 学校での使用頻度：ほかの生徒と共同作業をするために、コンピュータを使う

出典：OECD 生徒の学習到達度調査（PISA2018）「ICT 活用調査」

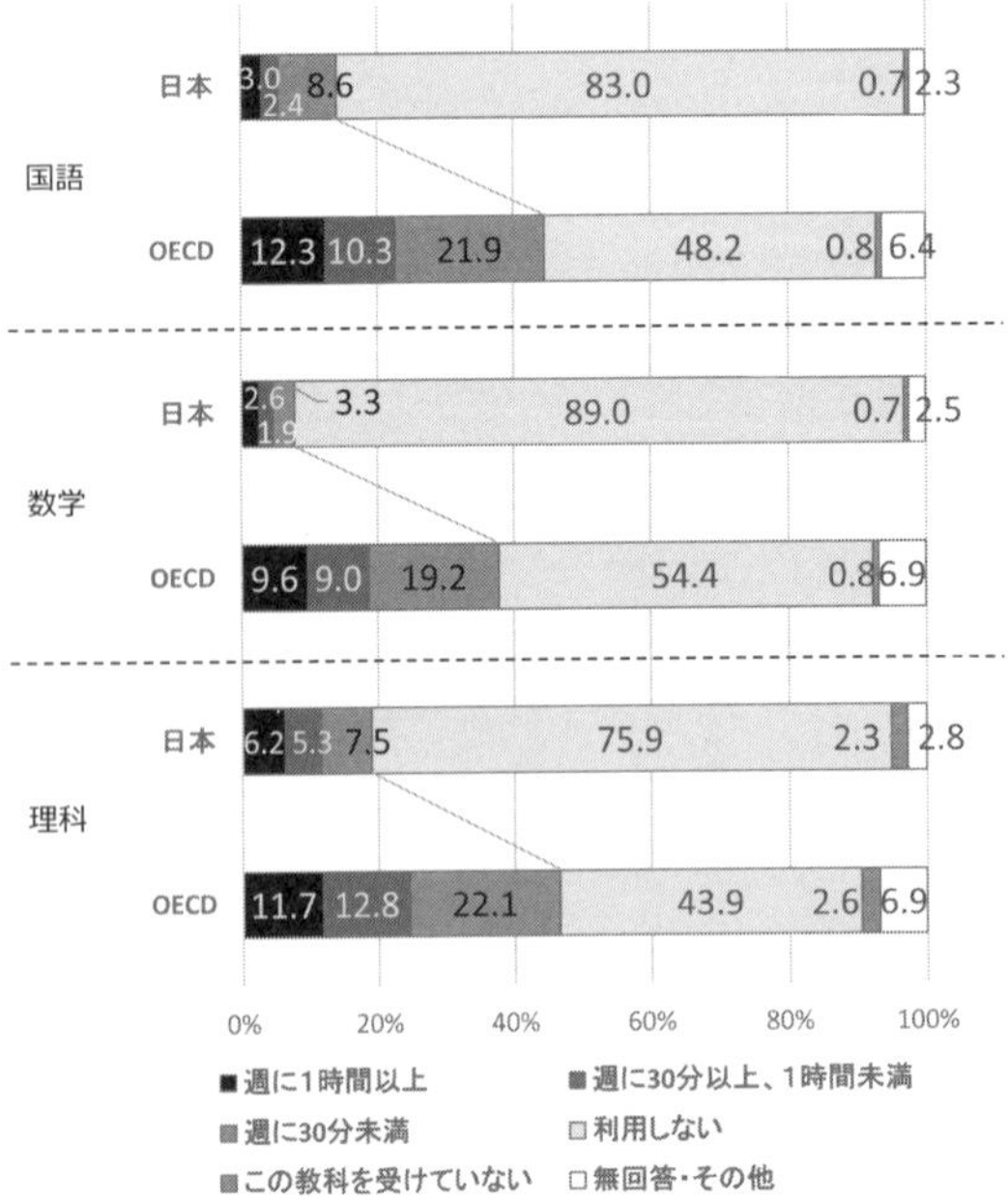

図Ⅰ-4　1週間のうち、教室の授業でデジタル機器を利用する時間

出典：OECD 生徒の学習到達度調査（PISA2018）「ICT 活用調査」

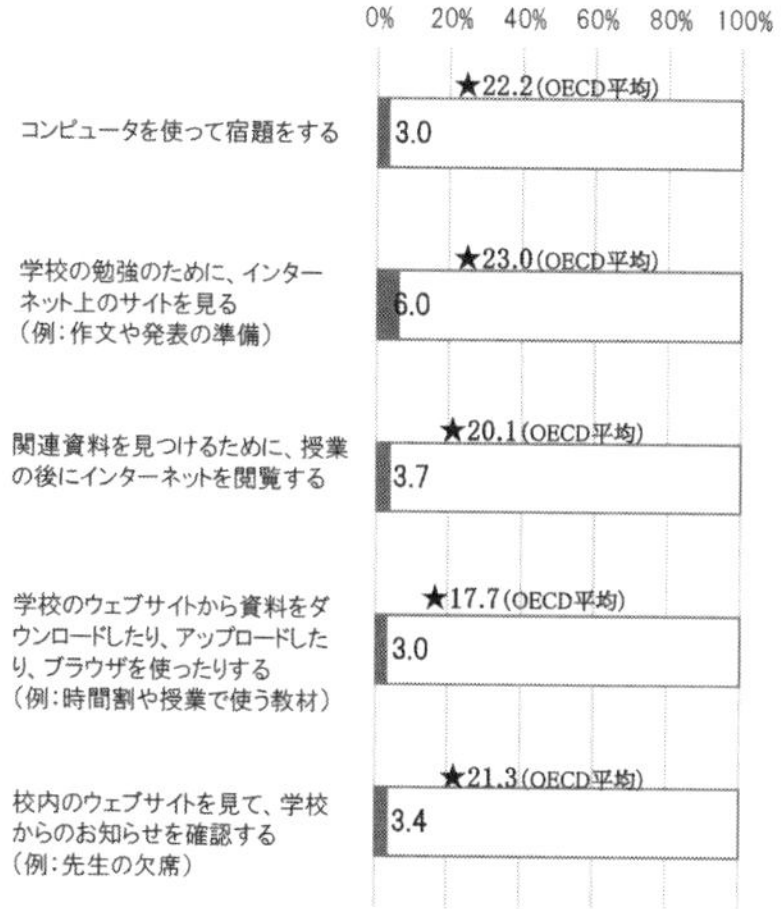

図Ⅰ-5　学校外での平日のデジタル機器の利用状況Ⅰ
（網掛けは日本の、★は OECD 平均の「毎日」「ほぼ毎日」の合計）

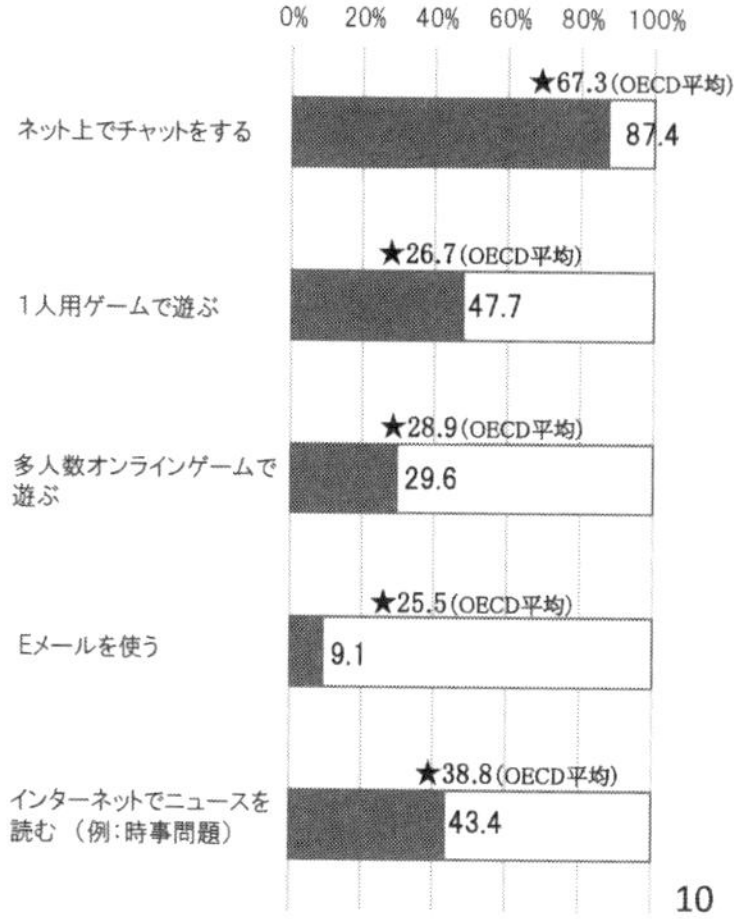

図Ⅰ-6　学校外での平日のデジタル機器の利用状況Ⅱ
（網掛けは日本の、★は OECD 平均の「毎日」「ほぼ毎日」の合計）

日本の子供たちのＩＣＴ利活用の大きな偏りが見て取れます。日本の学校現場だけが、ＩＣＴの世界からぽっかり空いた深い穴に落ち込んでいたのです。

文部科学省での機運の高まり

平成二八（二〇一六）年に政府が示したSociety 5.0のコンセプトは、各府省の様々な施策にも大きなインパクトを与えました。文部科学省でも当時の林芳正大臣の下、中堅・若手職員の間でSociety 5.0に向けて取り組むべき方向性に関する議論が進められました。

その結果は平成三〇（二〇一八）年六月に「Society 5.0に向けた人材育成～社会が変わる、学びが変わる～」としてまとめられました。そこでは、新たな時代に向けて取り組むべき施策として、

（1）「公正に個別最適化された学び」を実現する多様な学習の機会と場の提供

（2）基礎的読解力、数学的思考力などの基礎的な学力や情報活用能力をすべての児童生徒が取得

（3）文理分断からの脱却

が挙げられています。このころからＧＩＧＡスクール構想や現在の教育の在り方の議論につながる機運が文部科学省内でも高まっていました。筆者が情報教育の担当となったのもこの頃でした。

この年の一〇月に着任した柴山昌彦文部科学大臣は、早速一一月に「柴山・学びの革新プラン」

を発表してＩＣＴ活用を強力に進める方針を打ち出しました。この方針に沿って省内に新たに設けられたチームで本格的な検討を行い、その結果を翌年六月に「新時代の学びを支える先端技術活用推進方策」として公表するに至りました。

この方策の中では、Society 5.0時代が到来する中、「多様な子供たちを誰一人取り残すことのない、公正に個別最適化された学び」の実現を目指すことを打ち出し、ＩＣＴを基盤とした先端技術や教育ビッグデータの効果的な活用への大きな可能性を強調しました。

併せて、ＩＣＴ基盤整備では、クラウド活用前提のシンプルな整備の方向性も示しました。

それまでの端末環境は、必要性が十分吟味されていないソフトウェアが多くインストールされており、その処理のために相当のスペックが必要となることから、一台当たりの端末も高価になる傾向がありました。そのままでは予算的にも目標達成は極めて困難です。一方で通信回線は極めて細くて実用的でない状況でした。

これを、クラウド活用前提に転換し、クラウドまでの通信回線を確実に整備することで、端末をシンプルなものとし、一人一台端末環境が比較的安価に整備できる方向性を示しました（図Ｉ－７）。そして、この考え方に沿った形で、クラウドを前提としたセキュリティポリシーガイドラインの改訂も行いました。

更にMicrosoft、Google、Appleごとの具体的な端末の標準スペックも示しています。端末では、

従来の学校パソコン

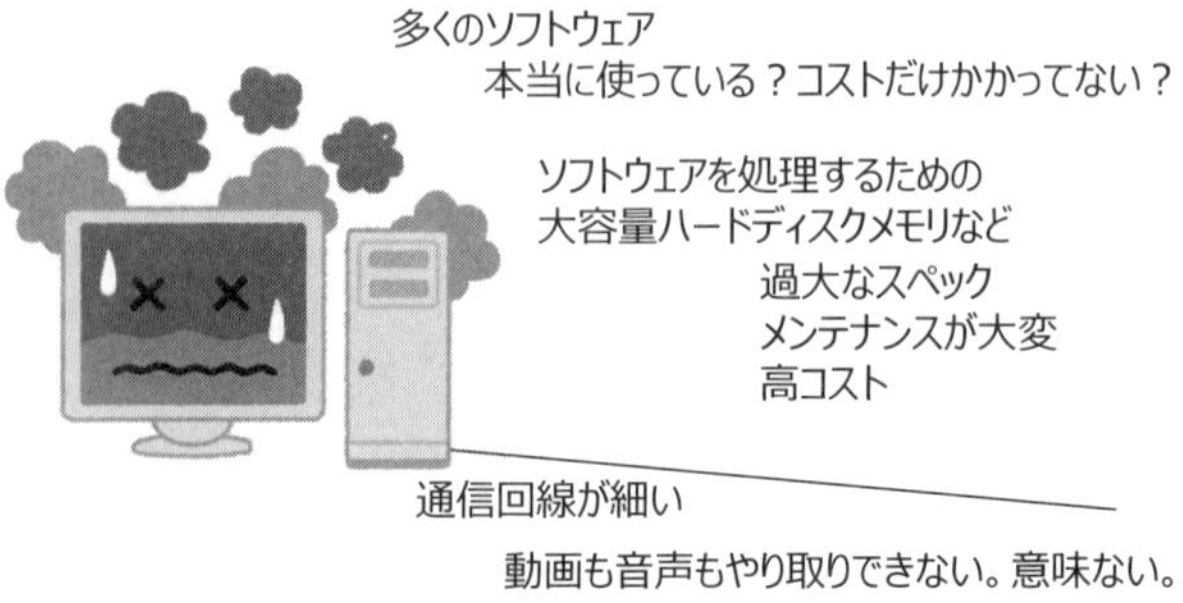
多くのソフトウェア
本当に使っている？コストだけかかってない？
ソフトウェアを処理するための
大容量ハードディスクメモリなど
過大なスペック
メンテナンスが大変
高コスト
通信回線が細い
動画も音声もやり取りできない。意味ない。

GIGAスクール：全く新しいＩＣＴ環境

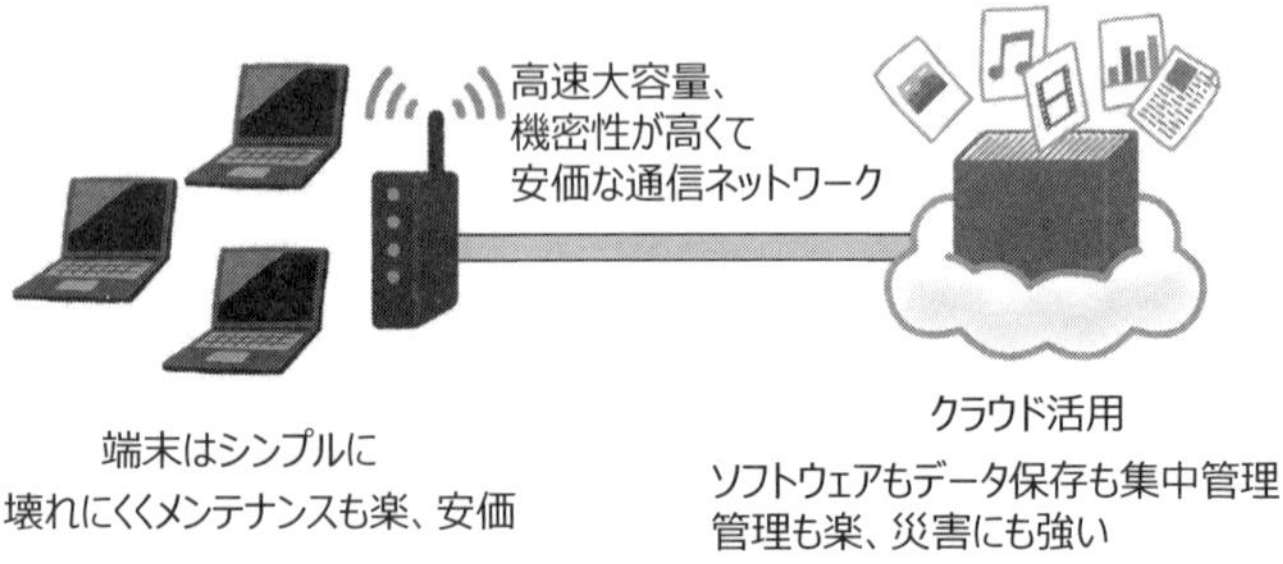
高速大容量、
機密性が高くて
安価な通信ネットワーク
端末はシンプルに
壊れにくくメンテナンスも楽、安価
クラウド活用
ソフトウェアもデータ保存も集中管理
管理も楽、災害にも強い

図Ｉ-７　GIGA スクールにおける学校 ICT 環境の考え方

ハードのキーボード装備を標準としました。スマートフォンの五〇音フリックでしか論文が書けない大学生が笑い話でなくなっている中、キーボード入力は世界に通用する情報活用能力の育成に欠かせません。また、様々な観察や実験の記録保存のためにカメラ装備を標準としましたが、価格や機能等の面からこの時点では表裏両面必須とはしていませんでした。

これらはその後のＧＩＧＡスクール構想での整備の方向性となっていきます。

教育界の外からの指摘

一方、文部科学省外からも教育界のＩＣＴ活用の必要性についての指摘が相次いでなされました。毎年政府では、八月末に翌年度の概算要求が取りまとめられるのに先立ち、六月頃に翌年度の方向性を定める様々な政府方針が取りまとめられるのが通常です。

令和元年六月にまとめられた「成長戦略フォローアップ」、「統合イノベーション戦略」、「規制改革実施計画」、「経済財政運営と改革の基本方針」などの政府方針では、いずれも教育でのパソコン一人一台の必要性が明記されることとなりました。

この方向性の追い風の一つは平成三〇年から開始された経済産業省「未来の教室」です。このプロジェクトでは、教育（Education）に新たな技術（Technology）を取り入れた取組であるEdTechを開発、展開する企業と、イノベーション導入に積極的な学校とのマッチングへの補助支援により、学校でのＩＣＴ活用の様々な可能性を示すとともに、教育行政への政策提言も積極的に行いました。

国会の動きも追い風でした。国会では、教育分野のＩＣＴ利活用を進めるため、民間有識者を交えた勉強会を発展させる形で平成二七（二〇一五）年五月に超党派で「教育におけるＩＣＴ利活用促進をめざす議員連盟」が設立され、精力的に活動していました。この議員連盟の主導で、令和元（二〇一九）年六月、「学校教育の情報化の推進に関する法律」が全会一致で可決、成立するに至りました。この法律制定までの経緯は、議員連盟の中核的な存在の幹事長で、後に文部科学大臣となる盛山正仁衆議院議員を中心にまとめられた「学校教育の情報化〜学校教育の情報化の推進に関する法律の解説と予算措置〜」に詳しく紹介されています。

プログラミング教育

教育におけるＩＣＴ活用に向けた機運の高まりは、先に紹介した学習指導要領の改訂のタイミングであったことも外せません。

新学習指導要領の具体的な指導例では、小学校第五学年の算数で、「プログラミングを用いて、正多角形の意味をもとにした正多角形をかく方法を考える」、また第六学年の理科では「センサーを用いて、電気の働きを自動的に制御することによって、電気を効率よく使うことができることを理解する」、「人感センサーや照度センサーを使い、人の有無や明るさによって、自動的に扇風機を

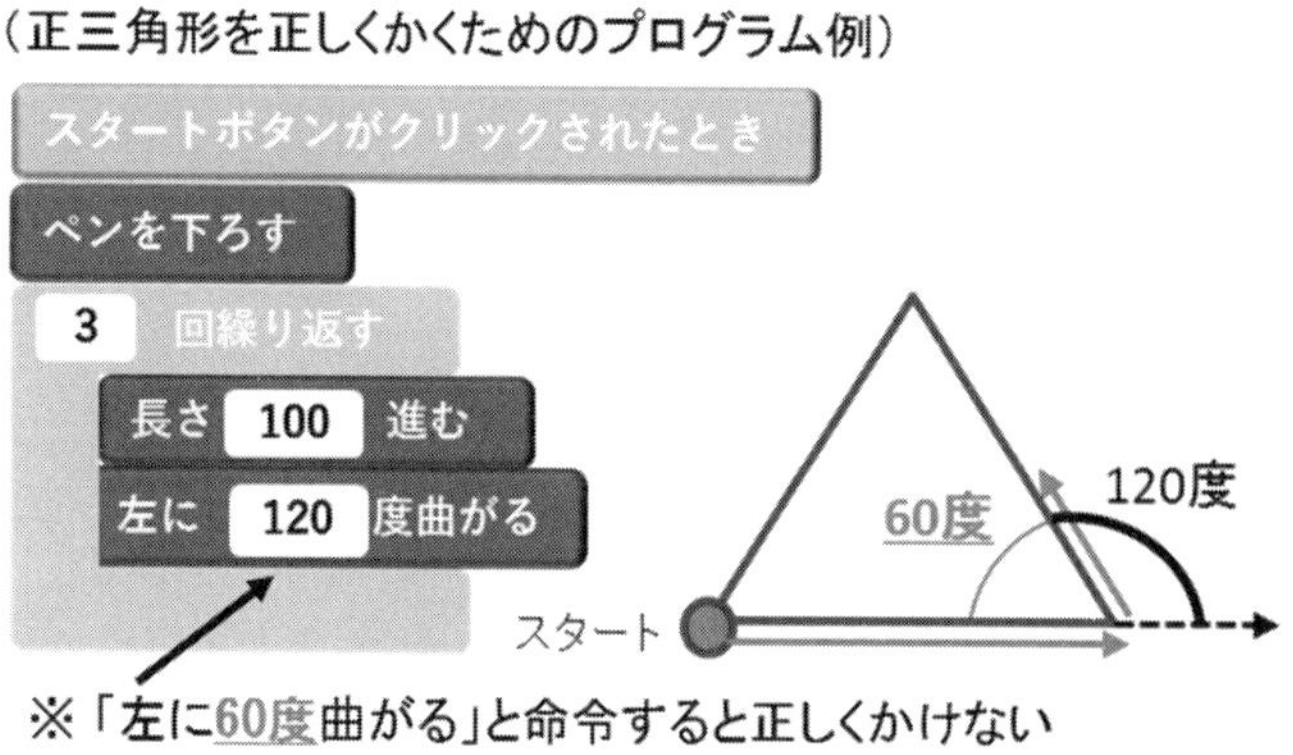

図Ⅰ-8　プログラミング教育の例（小学5年算数）
出典:「小学校プログラミング教育の手引（第三版）」（令和2年2月、文部科学省）

制御するプログラミングの体験をする」など、具体的なプログラミングのために端末を使うことが前提の内容があります（図Ⅰ-8）。

また、先に触れたように、新しい学習指導要領の下では、これらに限らず様々な授業で端末を活用することで、子供たちの情報活用能力、プログラミング的思考を伸ばすことを目指していました。

学校における指導のサポート体制を構築するため、平成二九（二〇一七）年、文部科学省、総務省、経済産業省、更に学校関係者や自治体関係者、産業界が一体となり「未来の学びコンソーシアム」を立ち上げました。

このコンソーシアムは、運営協議会の座長としてフューチャー株式会社の金丸恭文代表取締役会長兼社長の指揮の下、民間ＩＴ業界で活躍されていた中川哲氏をマネージャーとして迎えるとともに、他にも民間から多くの方を文部科学省内の居室に迎え、まさに官民一体として進める体制でスタートしました。

実際の活動では、プログラミング教育の様々な実践例を創出し、「プログラミング教育ポータル」サイト等で紹介するとともに、企業と共同でイベントも行い、プログラミング教育の普及・啓発に努めていました。

ところが、全国の準備状況調査の結果、学校の端末も使われていないようなところでは、翌年から学習指導要領が実施されるにもかかわらず、何をどう教えたらよいのか準備が全く進められていない学校や教育委員会が多発していました。中にはプログラミング教育を紙で行おうとするところも見受けられました。

コンソーシアムでは、関係者が分担して全国を訪問し、直接教育委員会や学校関係者に働きかけることで、学校にＩＣＴ環境が必要だとの意識の浸透に努めましたが、このような足踏み状態について政府関係者の間では、教育現場でＩＣＴ環境が整備されていない中では、文章や言葉での説明だけでは、端末の必要性を理解してもらうのに限界がある、まずは手元にモノがないと何も始まらないとの共通認識が高まることとなりました。

3　ＧＩＧＡスクール構想

ＧＩＧＡスクール構想の始動

これら内外の情勢も受け、文部科学省では、学校教育におけるＩＣＴ推進の施策により直接的に取り組む判断をしました。令和元年八月末に取りまとめられた文部科学省の令和二年度概算要求で初めて「ＧＩＧＡスクールネットワーク構想の実現」に向けた要求が計上されます。

この要求は、「ＧＩＧＡスクールネットワーク整備補助三年計画」の一年目として、全国の小・中・高等学校、特別支援学校、全学校の三分の　、およそ一万校を対象にした校内ＬＡＮ整備への補助として、三七五億円が見積もられたものでした。

この時点で文部科学省は、自治体など学校設置者が行う校内Ｗｉ－Ｆｉや校内通信ＬＡＮネットワークの整備に対し、国が補助を行うことで、学校でのＩＣＴ活用を促進し、学校設置者による端末整備につなげたいと考えていました。

ここで初めて「ＧＩＧＡスクール」の呼称が登場しました。概算要求を行うに当たり「この学校ＩＣＴ推進の一連の取組を、学校現場はじめ多くの人に分かりやすく伝えられるよう、一言で表せる名称を考えよう」と、省内でアイデアを出し合った結果です。

皆アイデアを凝らした候補名の中、学校のICT化を分かりやすくシンプルに表現する名前がよいだろうとのことで、未来の学びコンソーシアムの中川マネージャーのアイデアが採用されました。

「GIGA」には実は二つの意味が込められています。一つは公表されているGlobal and Innovation Gateway for All の頭文字の略です。「全ての児童生徒にとって、全世界への、また新たな価値創造への扉」とでも言えるかと思います。新しく始まる学習指導要領が求める「社会に開かれた教育課程」の実現には、ICT技術が扉の役を果たすことを伝えたいとの思いも込められています。

もう一つは、校内LAN整備補助で標準的に整備するよう進めたケーブル規格の伝送速度、1 Giga bit per second、一秒間に一ギガビット通信の接頭辞です。それまで一〇〇メガビットの通信速度しかない学校に、接頭辞が変わるほどの高速通信の必要性を伝えたい気持ちがありました。ちょうど世間では、新しい携帯電話サービスで「ギガ」の名称が多く使われるようになったタイミングでした。通信速度と通信容量と、正確にはそれぞれの単位は異なるのですが、学校とICTを結び付けるインパクト効果も狙ったものでした。

補正予算による前倒し措置

文部科学省が概算要求で直接整備推進に乗り出したことを受け、政府や国会で、この機に学校のICT環境整備を一気に進めようとの更に強い追い風が吹くことになりました。

令和元（二〇一九）年九月に着任した萩生田光一文部科学大臣は、以前からこの施策に関心がありました。一〇月の臨時国会衆議院予算委員会の場では、「平成の時代はパソコンやタブレットは学校にあったらいいなという教材でしたけれども、いよいよ令和の時代はですね、なくてはならない教材として、しっかりICT環境の実現を図ってまいりたいと思います」と答弁しています。そして一一月、政府の経済財政諮問会議での安倍総理の「パソコンが一人当たり一台となることが当然だということを、やはり国家意思として明確に示すことが重要」との発言で、国が端末整備にも乗り出す流れが決定付けられました。

このような総理の意向も伝わる中、関係省庁間では一人一台端末整備の具体策に向けた検討が進んでいました。端末の補助額と補助台数など、従来の文部科学省、総務省、経済産業省に加え、財務省やデジタル庁の前身となる内閣官房IT総合戦略室も入って連日厳しい調整がなされました。

結果、GIGAスクール構想は令和二年度からを前倒しして令和元年度内から、ネットワークのみならず端末整備も含めて大規模に取り組むことになりました。

GIGAスクール構想実現へのキックオフ

令和元年一二月一三日に閣議決定された令和元年度補正予算案では、校内通信ネットワークは概算要求の三分の一から全面前倒し拡大され、光回線エリアで希望する全ての学校への補助として一二九六億円が計上されました。更に端末の整備補助が追加され、小学校五・六年生と中学一年生の児童生徒に一人一台の端末が行き渡るように、地方財政措置分を除いた数の端末台数分の整備補助一〇二二億円分が措置されました。合計二三一八億円の大規模な予算として、その後令和二年一月に国会で成立することになります。

補正予算の閣議決定を受け、令和元（二〇一九）年一二月一九日、文部科学省は萩生田大臣を本部長とするＧＩＧＡスクール実現推進本部を立ち上げました。この本部の下、ＧＩＧＡスクール構想をハード、ソフト、指導体制一体として全国での取組を加速化することとしました。この日がＧＩＧＡスクール構想の正式なスタートと言えるでしょう。

この日には大臣からメッセージも出されました（図Ⅰ-9）。このメッセージには、大臣を筆頭に、文部科学省関係者全員のＧＩＧＡスクール構想に向けた思いが込められたものになっています。

子供たち一人ひとりに個別最適化され、創造性を育む教育 ICT 環境の実現に向けて
～令和時代のスタンダードとしての１人１台端末環境～
≪文部科学大臣メッセージ≫

12 月 13 日に閣議決定された令和元年度補正予算案において、児童生徒向けの１人１台端末と、高速大容量の通信ネットワークを一体的に整備するための経費が盛り込まれました。

Society 5.0 時代に生きる子供たちにとって、PC 端末は鉛筆やノートと並ぶマストアイテムです。今や、仕事でも家庭でも、社会のあらゆる場所で ICT の活用が日常のものとなっています。社会を生き抜く力を育み、子供たちの可能性を広げる場所である学校が、時代に取り残され、世界からも遅れたままではいられません。

１人１台端末環境は、もはや令和の時代における学校の「スタンダード」であり、特別なことではありません。これまでの我が国の 150 年に及ぶ教育実践の蓄積の上に、最先端の ICT 教育を取り入れ、これまでの実践と ICT とのベストミックスを図っていくことにより、これからの学校教育は劇的に変わります。

この新たな教育の技術革新は、多様な子供たちを誰一人取り残すことのない公正に個別最適化された学びや創造性を育む学びにも寄与するものであり、特別な支援が必要な子供たちの可能性も大きく広げるものです。

また、１人１台端末の整備と併せて、統合型校務支援システムをはじめとした ICT の導入・運用を加速していくことで、授業準備や成績処理等の負担軽減にも資するものであり、学校における働き方改革にもつなげていきます。

忘れてはならないことは、ICT 環境の整備は手段であり目的ではないということです。子供たちが変化を前向きに受け止め、豊かな創造性を備え、持続可能な社会の創り手として、予測不可能な未来社会を自立的に生き、社会の形成に参画するための資質・能力を一層確実に育成していくことが必要です。その際、子供たちが ICT を適切・安全に使いこなすことができるようネットリテラシーなどの情報活用能力を育成していくことも重要です。

このため、文部科学省としては、１人１台端末環境の整備に加えて、来年度から始まる新学習指導要領を着実に実施していくとともに、現在行われている中央教育審議会における議論も踏まえ、教育課程や教員免許、教職員配置の一体的な制度の見直しや、研修等を通じた教員の ICT 活用指導力の向上、情報モラル教育をはじめとする情報教育の充実など、ハード・ソフトの両面からの教育改革に取り組みます。

今般の補正予算案は、すでに児童生徒３人に１台という地方財政措置で講じた ICT 環境整備に取り組んできた自治体、またこれから着実に整備に取り組もうとする自治体を対象に、１人１台端末とクラウド活用、それらに必要な高速通信ネットワーク環境の実現を目指すものです。そして、この実現には、各自治体の首長の皆様のリーダーシップが不可欠です。

この機を絶対に逃すことなく、学校・教育委員会のみならず、各自治体の首長、調達・財政・情報担当部局など関係者が一丸となって、子供たち一人ひとりに個別最適化され、創造性を育む教育 ICT 環境の実現に取り組んで頂きますよう、心よりお願い申し上げます。

令和元年（2019 年）12 月 19 日
文部科学大臣　萩生田光一

図Ⅰ-9　文部科学大臣メッセージ

端末整備の考え方

端末は、小学校では学習指導要領でプログラミング教育の実践が明記されている五・六年生を先行して整備することとなりました。また中学校では、その後三年間と最も長く活用する一年生が優先されることとなりました。

補助単価は一台当たり四万五〇〇〇円とされました。文部科学省からは、「新時代の学びを支える先端技術活用推進方策」で示していた具体的な標準スペックに基づく標準仕様書を、三種類のOSそれぞれで明示した上で、国からの補助の不足分は、学校設置者である自治体が負担することを前提としたものでした。

ところが、各端末メーカーからは、補助単価を見据えた新たなモデルが次々市場に提供されることになりました。令和二(二〇二〇)年三月には、内閣官房IT総合戦略室が中心となり「自治体ピッチ」と呼ばれる催しを開催しました。自治体の整備担当者向けに、メーカー等企業各社がオンラインでプレゼンテーションを行うものでした。そこでは自治体の追加措置が不要となる四万五〇〇〇円の端末とOSのパッケージモデルが次々に紹介されました。

この文部科学省の標準仕様書を通じて端末のスペックが標準化されたこと、更にそれらの端末単価が一気に引き下げられたことは、その後の全国の学校での統一的、継続的な端末普及に大きく寄与することとなります。

標準化の中で自由市場が形成され、Google Chrome OSなどクラウド利用を前提にしたシンプルで安価なモデルに強みをもつ製品の展開など、全国の教育用ＯＳ市場を大きく変えることにもなりました。

この時点で補助対象とならなかった学年の端末整備は、新学習指導要領の開始やその後の全国学力・学習状況調査を見据えて令和三年度に中学二・三年に導入した上で、令和四年度に小学三・四年、そして令和五年度に小学一・二年と順に導入していくロードマップが描かれていました。

また、この補正予算では、文部科学省以外の各省でもＧＩＧＡスクールと歩調を合わせた措置がなされました。総務省関連では、各自治体が文部科学省のＧＩＧＡスクール校内通信ネットワーク整備事業に対する補正予算債への交付税措置の優遇がなされたほか、教育現場の課題解決に向けたローカル５Ｇの活用モデル構築事業に二・四億円が措置されました。また、経済産業省ではEdTech導入補助事業一〇億円が措置されました。

新型コロナによる整備前倒し

ここで発生したのが、序章で触れた新型コロナウイルス感染症です。令和二（二〇二〇）年三月の臨時休業の経験から、まずは一人一台端末を早期に実現した上で、インターネット活用が困難な家庭も含め、家庭での端末の活用が急がれることとなりました。

また、このコロナ禍では、「学びを止めない」ためのＩＣＴの効果が教育現場でも強く認識されることとなり、教育におけるＩＣＴ利活用の在り方、ＩＣＴと教育との関係を学校現場に強く投げかけることともなりました。

この新型コロナウイルスは、教育のみならず国全体にも、感染拡大と経済活動の縮小により、甚大な影響をもたらしました。このため、総理大臣の指示を受け、新型コロナウイルス感染症緊急経済対策のための令和二年度一次補正予算が編成され、四月の閣議決定を経て国会での成立に至りました。

この補正予算で、ＧＩＧＡスクール構想も大幅に前倒し、拡大されることとなりました。まず、段階的に導入される予定だった、義務教育段階での一人一台に向けた端末整備が全て前倒しされることになりました。令和元年度補正予算で補助済みの学年と、自治体の整備を想定し地方財政措置がなされている分を除いた小・中学校の全児童生徒分一九五一億円が措置され、更に障害のある児童生徒のための入出力支援装置に一一億円の措置も決まりました。

校内ネットワーク環境整備は、令和元年度補正予算では、山間地等で学校の敷地近くまで光回線が敷設されていない学校は除外されていました。しかし、全ての子供たちの学びを止めないためには、全国への光ファイバの敷設が必要です。総務省では光ファイバ整備の推進事業が始まっており、令和二年度一次補正予算（三〇・三億円）でも措置されることとなりました。この事業と連動し、文部科学省でも残りのほぼ全ての学校での校内ネットワーク整備への補助として七一億円が追加措置されることとなりました。

また、令和元年度補正予算による整備では、自治体にICTに関する技術的な知見が少ないため、うまく対応できないところも多数見受けられました。文部科学省では、以前からICT活用教育アドバイザーと呼ばれる、直接自治体へ助言を行う事業を行っていましたが、全国規模の整備へはとても足りないため、急速な学校ICT化を進める自治体等に対する、GIGAスクールサポーターと呼ぶICT技術者の配置への支援一〇五億円も加えられました。

更に家庭でも、全ての子供たちの学びを支援するための予算が措置されました。文部科学省では、緊急時の家庭でのオンライン学習環境整備として、必要な家庭に貸し出すためのモバイルルータなどLTE通信（携帯電話の4G通信）機器の整備に一四七億円、学校からのやり取りのためのカメラやマイクなど遠隔学習機能の強化に六億円、オンライン学習システムの導入のために一億円が措置されました。

これらの結果、文部科学省では前回の補正予算と同規模の二二九二億円の予算が措置されることとなりました。

また、経済産業省では遠隔教育や在宅教育普及促進事業として、EdTechの学校等への試験導入や更なるコンテンツ開発に三〇億円が措置されました。

端末の通信機能

端末とクラウドなど外部とをつなぐ通信には、ルータからの電波によるWi‐Fi通信と、携帯電話の電波によるLTE通信があります。この二つは電波が異なり、端末で必要な機能も異なります。また、LANケーブルを直接端末に接続する有線方式もあります。

昨今ほとんどの端末はWi‐Fi通信機能を備えています。光ファイバにつながるLANケーブルを教室まで敷設し、末端にWi‐Fiルータを設置して端末と無線で接続させることで、各端末は教室内どこでも通信が確保できます。Wi‐Fiが自宅にある家庭でも使うことができます。

数は少ないですがLTE対応端末も市販されています。LTEは携帯電話の電波ですので、運動場や校外学習、自宅にWi‐Fi環境がない家庭など、携帯電話の圏内ならどこでもつながるという便利さがあります。一方で、ソフトウェアのアップデートなどでの通信容量の制限や、対応端末の価格、そして何より通信料の負担がデメリットと言えます。

令和元年度補正予算時は、校内LAN整備などWi‐Fi端末を前提としました。ただし自治体の負担が増えても、LTE対応端末の特徴を理解して積極的に整備をする自治体もありました。

コロナ禍では、感染症など緊急時でのあらゆる子供たちに最低限の学びを保証する必要性がクローズアップされました。令和二年度補正予算では、Wi-Fi対応端末でもWi-Fi環境が整っていない家庭でつながるよう、モバイルルータ（携帯電話の電波による通信をWi-Fi電波による通信に変換する機器）や端末のLTE対応装置への補助も追加しました。

通信手段については、GIGAスクール開始後、携帯電話の通信価格の値下げや、5Gと呼ばれる新しい世代の電波技術の実用化もありました。無線LANについてもWi-Fi 6という高速化された新技術が展開されています。今後は、通信料や通信容量、指向性などつながりやすさといった技術面、整備や利活用のコスト、更には学習における端末活用の場面を踏まえて、端末をはじめICT機器の整備や更新を進めることが求められます。

学校現場でのICT活用の始動とその後

学校でのICT活用も徐々に始まっていきました。序章でも触れましたが、令和二年六月二三日に改めて文部科学省が学校設置者に対して行った調査では、教育委員会等が作成した学習動画を活用しているのが二六%、デジタル教材の活用が四〇%、同時双方向のオンライン指導が一五%となっていました。

新型コロナウイルス感染症の終息が見えない中、令和三年一月に成立した令和二年度第三次補正予算では、更に高等学校段階の低所得世帯等の生徒端末や、障害のある児童生徒のための入出力支援装置、モバイルルータやオンライン学習システムの整備等に更に二〇九億円が措置されています（表Ⅰ－1）。

その後の状況は序章でも触れたとおりです。小・中学校での端末の一人一台整備はほぼ実現し、高等学校段階でも進んでいます。ただし、その利活用はいまだ途上です。利活用の格差の拡大など、教育現場では混乱も見られます。

多くの問題を抱えるものの、ＧＩＧＡスクール構想の初期に導入した端末の更新の時期を迎えつつあります。

文部科学省では、令和五（二〇二三）年度補正予算で各都道府県に端末更新のための総額二六四三億円の基金を創設し、各市区町村にはその基金を原資に都道府県内で共同調達を行ってもらうこととしています。共同調達は端末をより安価に、安定的に入手可能とするもので、加えて端末の管理やデジタル教科書導入への対応などに必要な経費を追加し、端末単価を五万五〇〇〇円とするなど、学校現場がより利用しやすい形での資金的な支援を進めつつあります。

また、デジタル分野で世界的なトピックとなっている生成ＡＩについては、文部科学省でも、学校現場の利活用についてガイドラインを発出するなど、対応を進めています。

これら教育やデジタルを取り巻く様々な状況の急速な進展に応じ、文部科学省のみならず、総務省や経済産業省、デジタル庁でも活用の実証をはじめ様々な取組を進めています。自治体や民間で

表Ⅰ-1　文部科学省の主な GIGA スクール関連予算

令和元年度補正予算　2,318億円

○児童生徒の端末整備支援
　義務教育段階の児童生徒が使用するPC端末整備支援　1,022億円
○学校ネットワーク環境の全校整備
　小・中・特別支援・高等学校における校内ＬＡＮ接続の整備支援　1,296億円

令和２年度１次補正予算　2,292億円

○児童生徒の端末整備支援
　義務教育段階の児童生徒が使用するPC端末整備支援　1,951億円
　障害のある児童生徒のための入出力支援装置整備　11億円
○学校ネットワーク環境の全校整備
　小・中・特別支援・高等学校における校内ＬＡＮ接続の整備支援　71億円
○ＧＩＧＡスクールサポーターの配置　105億円
○緊急時における家庭でのオンライン学習環境の整備
　ＬＴＥ通信環境の整備支援　147億円
　学校側が使用するカメラやマイクなどの通信装置等の整備支援　6億円
　オンライン学習システム（ＣＢＴシステム）の全国展開等　1億円

令和２年度３次補正予算　209億円

○児童生徒の端末整備支援
　高等学校段階の低所得世帯等の生徒が使用するＰＣ端末整備　161億円
　障害のある児童生徒のための入出力支援装置整備　4億円
○学習系ネットワークにおける通信環境の円滑化
　学習系ネットワークを学校から直接インターネットへ接続する方式への整備支援　他予算の内数
○緊急時における家庭でのオンライン学習環境の整備
　ＬＴＥ通信環境の整備支援　21億円
　オンライン学習システム（ＣＢＴシステム）の全国展開等　22億円

も取組が進んでいきます。これらを無駄にすることがないよう、自律的で持続可能な教育ＤＸの構築が私たちの責務と言えます。

Ⅱ章

公教育での ICT利活用 挑戦の道のり

1　ICT利活用への挑戦

黎明期の取組

Ｉ章では、Society 5.0という大きな社会の変革の中でＧＩＧＡスクール構想が立ち上がってきた経緯を見てきました。しかし、学校教育でのＩＣＴ利活用に向けた動きは突然始まったようなものではありません。むしろ長年にわたる様々な挑戦の上に成り立っていることを理解しておく必要があります。

ここでは、初期からの学校教育でのＩＣＴ利活用の道のりを簡単に振り返りつつ、これまで学校でのＩＣＴ利活用が十分根付いてこなかった課題などを見ていきたいと思います。

一般に広く知られる最初のコンピュータは、一九四〇年代半ばに米国で開発されましたが、早くから教育にも利用するアイデアがありました。米国イリノイ大学で一九五九年から始まったＰＬＡＴＯシステムがその代表例です。ＣＡＩ（Computer Assisted Instruction）と呼ばれるコンピュータが支援する指導システムの開発が試みられました。

日本でも、一九七〇年代から教育へのコンピュータ利用の取組が始まりました。初期の教育現場での実践研究の代表例が、茨城県新治郡桜村、今のつくば市で昭和五二（一九七七）年から始まった筑波大学とのＣＡＩの研究です。この実践は、村内の竹園東小学校で「児童同士、教師と児童館の相互作用を大切にしながら、一斉授業の中での学習の個別化を実現すること」を目指していました。現在の個別最適な学び、協働的な学びにつながる考えです。当時の貴重な写真からも分かるとおり、子供たちが端末のみと向き合うのでなく、子供たち同士でコミュニケーションしやすい机の配置や、教師が学習過程を把握できるように、教師と子供たちの端末のネットワークの確保もなされました（図II−１・２）。

ちょうど一九七〇年代後半から八〇年代にかけては、８ビットパソコンと呼ばれる家庭用パソコンが日本でも市販され、コンピュータの個人での利用が現実になってきた頃でした。当時竹園東小学校の教師として研究を進めた森田充つくば市教育長によれば、当時は学校現場の教員、筑波大学の研究者に加え、株式会社シャープの研究員という、教育現場と学術界、産業界がスクラムを組み一体となって研究が進められたとのことでした。この連携はまさにＩＣＴ教材開発を成功させる姿の先取りと言えます。

当時の文部省が小・中学校へコンピュータの導入に初めて乗り出したのは、昭和六〇（一九八五）年度です。この年から学校教育設備整備等補助金で補助が始まりました。企業からは竹園東小学校での研究成果を受けたソフトも市販されました。ただ、この段階では機器の性能の問題や一般教員

図Ⅱ-1　当時の竹園東小学校のCAI室の様子

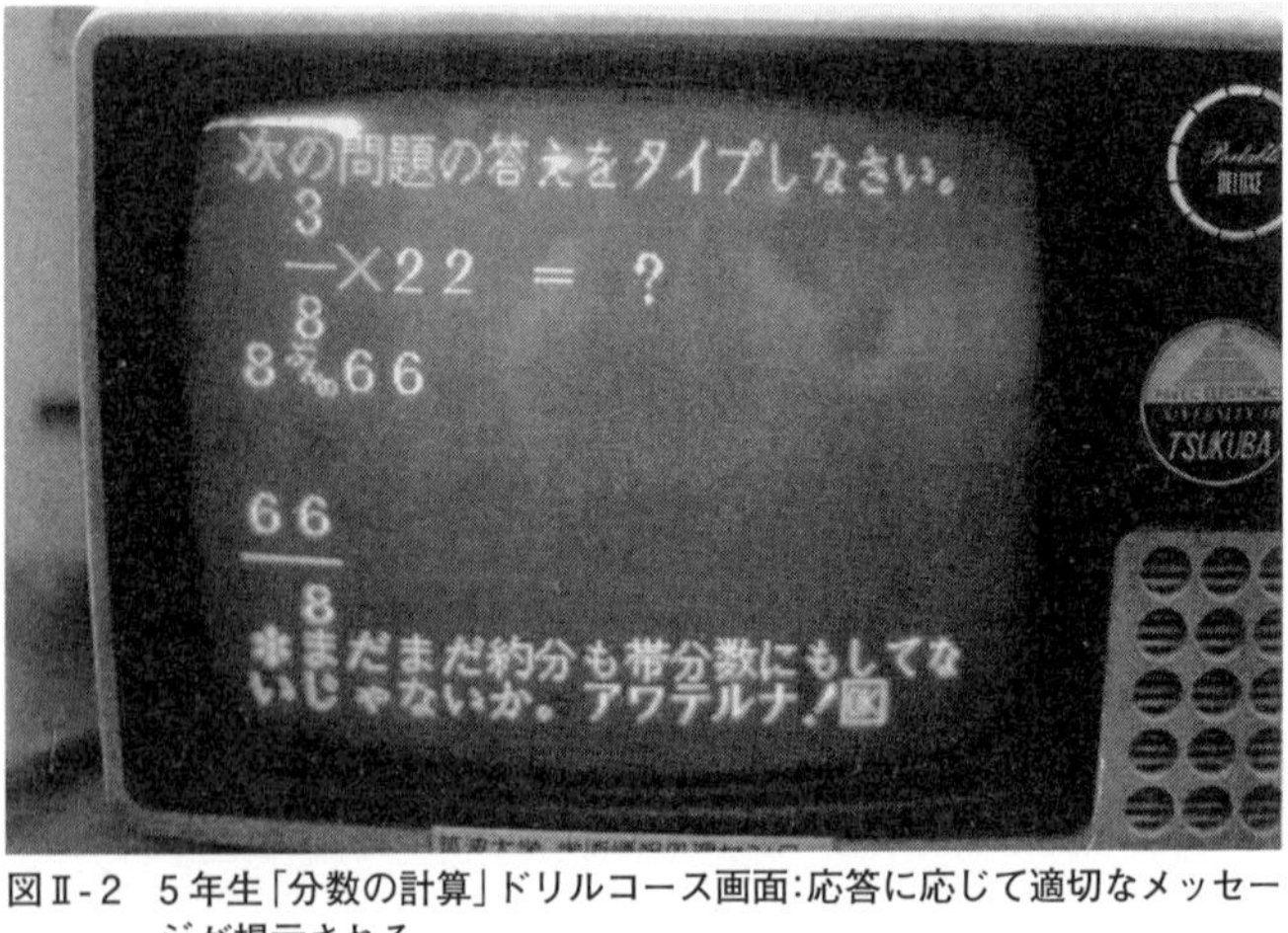

図Ⅱ-2　5年生「分数の計算」ドリルコース画面：応答に応じて適切なメッセージが提示される

が慣れた一斉授業方式を抜け出す段階に至らなかったことなどから、その後広がりを見せなかったと言われています。

情報化社会の到来と教育におけるICT利活用への挑戦

一般社会でコンピュータが徐々に普及していく中、教育でも情報活用能力の育成が必要ではないかという観点が政府で取り上げられるようになったのもこの頃です。昭和六一（一九八六）年の臨時教育審議会第二次答申では、「情報及び情報手段を主体的に選択し活用していくための個人の基礎的な資質」が読み、書き、算盤《そろばん》に並ぶ基礎・基本と位置付けられました。

平成元（一九八九）年告示の学習指導要領も、「社会の情報化に主体的に対応できる基礎的な資質を養う観点から、情報の理解、選択、処理、創造などに必要な能力及びコンピュータ等の情報手段を活用する能力と態度の育成が図られるよう配慮する。なお、その際、情報化のもたらす様々な影響についても配慮する」との中央教育審議会教育課程審議会の答申を受けたものになっています。関連教科に情報に関する内容が取り入れられるとともに、各教科の指導において教育機器を活用することとされました。

一九九〇年代は、インターネットを軸にした情報化が急速に発展し始めた時期です。日本でも平成五（一九九三）年にインターネットが一般利用に開放されてから、その利用が急激に増加していきました。I章で紹介したSociety 4.0、情報社会の到来です。

このインターネット通信技術を様々な分野で利用するための取組が行われました。教育分野も例に漏れません。その一つが一〇〇校プロジェクトと呼ばれる試みです。平成六（一九九四）年、当時の通商産業省が策定した「高度情報化プログラム」の中の「ネットワーク利用環境提供事業」として、文部省とも連携し、一一一の学校・施設にネットワークの利用環境を提供して、様々な場面で自由な発想で活用してもらおうというものでした。

このプロジェクトは三年間実施された後も、平成九（一九九七）年からの新一〇〇校プロジェクトとして発展していきました。その成果はネットワークを生かした広域化、国際化の事例など様々な成果の創出につながりました。一方で教育課程、指導法、教材、教師への支援、環境整備の必要性、周知法など現在につながる課題も抽出されました。

ICT環境整備の地方交付税措置

ICTが社会に徐々に根付く中で、学校の環境整備にも見直しがなされました。先に触れた教育用コンピュータへの補助金制度が、平成六（一九九四）年度からは、地方交付税措置の扱いとなったのです。

そもそも学校に必要な経費は、設置者が負担することが原則であるという旨が、学校教育法第五条に定められています。これは設置者負担原則と呼ばれ、公立の場合は地方自治体となります。

一方、一般的に補助金という制度は、補助の対象者を何らかの政策的な目的に誘導する際に用いられるものです。平成五年度までの補助金も、国が自治体に対し、教育用コンピュータの学校への整備を進めさせるためのものでした。

これに対し、地方交付税措置とは、自治体間の財政不均衡を是正し、自治体の財源を保証するための国から自治体への財政上の措置制度です。措置される金額自身に用途は定められておらず、地方自治体の固有財源として、用途は自主財源と合わせて自治体が自身で決定することとなります。

平成六年度から学校のコンピュータ等が地方交付税措置されるということは、自治体間の財政不均衡を是正するため、国からの地方交付税措置額の算定に教育用コンピュータを含めるようになったということを意味します。学校のコンピュータ整備は学校設置者が行うべきこととして、自治体が判断することになったのです。しかしながら、その後三〇年近く経過した状況はI章で見たとおりです。

情報化社会の中での情報教育

平成七（一九九五）年、米国Microsoft社から画期的なOS、Wondows 95が世界で発売されたことで、パソコンの利便性が一気に向上しました。一般家庭でもインターネットの普及が急速に進み、日本におけるインターネット人口普及率は一九九六年には三・三%だったものが、二〇〇〇年には三七・一%まで増えました。ネットショッピングといった新しい業種のIT企業も次々起業するなど、社会にITが浸透し、情報化社会が急速に進展していきました。

学習指導要領改訂のタイミングを控える中、文部科学省では平成八（一九九六）年に「情報化の進展に対応した初等中等教育における情報教育の推進等に関する調査研究協力者会議」を立ち上げ、情報教育の基本的な考え方と体系的な情報教育の内容について整理を行いました。

平成一〇（一九九八）年一二月に改訂、告示された学習指導要領では、①小・中・高等学校段階を通じて、各教科や総合的な学習の時間においてコンピュータや情報通信ネットワークの積極的な活用を図るとともに、②中学校・高等学校段階において、情報に関する教科・内容を必修とする、など情報教育の充実が図られることとなりました。具体的には、中学校技術・家庭科技術分野で「情報とコンピュータ」を必修とするとともに、高等学校で普通教科「情報」、専門教科「情報」を新設することとなりました。

2 今世紀に入ってからの取組

e-Japan構想と教育

この頃には、世界に比べて日本のインターネット利用の遅れが指摘されるようになってきました。平成一二（二〇〇〇）年に発足した森喜朗内閣は、世界に伍する日本型のIT社会を目指す「e-Japan構想」を発表しました。この構想に基づき、一一月には高度情報通信ネットワーク社会形成基本法（通称「IT基本法」）が成立することとなりました。この法律では、「高度情報通信ネットワークによる自由かつ安全な情報の入手・共有・発信を通じて、国民が情報通信技術の恵沢をあまねく享受できる社会を実現することを目的」としたもので、後のデジタル社会形成基本法の基となるものです。

翌平成一三（二〇〇一）年一月には政府のe-Japan戦略が策定されました。ここでは日本のIT革命への遅れと国家戦略の必要性を指摘した上で、基本戦略の中で、「小中高等学校及び大学のIT教育体制を強化するとともに、社会人全般に対する情報生涯教育の充実を図る」との目標を掲げ、学校のインターネット環境の整備、ITを利用した教育やIT倫理・マナー教育の充実、インターネットを通じた国内外の交流促進などを挙げています。この年の一月に省庁再編により発足した文部科学省を中心に、関係省庁が連携して施策を進めることとなります。

平成二〇（二〇〇八）年一月の中央教育審議会答申では、「社会の変化への対応の観点から教科等を横断して改善すべき事項」の一つとして「情報教育」が挙げられ、「情報活用能力を育むことは、基礎的・基本的な知識・技能の確実な定着とともに、発表、記録、要約、報告といった知識・技能を活用して行う言語活動の基盤となるもの」として重要性が指摘され、情報通信ネットワークの活用や情報活用能力の育成が提言されました。

また、この時点から既に諸外国に比べて学校におけるＩＣＴ環境整備が遅れている現状があったことから、ＩＣＴに関する条件整備の必要性も提言されています。三月に公示された学習指導要領はこれらを反映して情報教育と教科指導でのＩＣＴ活用両面の充実が図られることとなりました。

スクール・ニューディール

平成二一（二〇〇九）年四月、当時の麻生太郎内閣は経済危機対策の中で、「スクール・ニューディール構想」を打ち出しました。この構想は「二一世紀の学校」にふさわしい教育環境の抜本的充実を目指すもので、耐震化、エコ化、ＩＣＴ化を三本柱としていました。

経済危機対策に沿ってまとめられた平成二一年度補正予算では、デジタルテレビ・電子黒板・パソコン等の最先端のＩＣＴ機器や校内ＬＡＮ等を駆使して分かりやすい授業を実現し、子供の学力・ＩＴ活用能力の向上や校務の効率化を目指すためとして、二〇八七億円が措置されるという大型の事業となりました。

この補助を活用して、コンピュータ室に限らず、普通教室にプロジェクタや大型モニタなどの大型提示装置や電子黒板が整備された学校も多くありました。

ところが、この事業について、平成二五年度決算に対し会計検査院の検査が入りました。その結果の報告書では、「電子黒板特有の機能の活用がなされていない」、「活用率が低調」などの指摘がなされ、「電子黒板特有の機能を活用することによる効果や児童生徒の情報活用能力の育成に資することを周知したり、研修の実施、電子黒板の活用計画の策定等を促したりすること」といった厳しい意見が示されました。

国の予算の無駄遣いの角度から、活用事例の浸透が課題であることが指摘されることとなったのです。実際、筆者着任後も、使われていない電子黒板の話は至るところで耳にすることとなりました。

政権交代下での学校ＩＣＴ施策

平成二一（二〇〇九）年に発足した民主党政権が一一月に行った事業仕分けでは、各府省の平成二二年度概算要求に盛り込まれた約四五〇事業について、そもそも必要か、国が担うべきかなどの観点から見直しが行われました。この中では、文部科学省の「学校ＩＣＴ活用整備事業」約七億円が対象となり、事業の進め方のバランスなどに見直しが必要として、二二年度は廃止の判定を受けました。

文部科学省は、学校教育の情報化に関する総合的な推進方策について検討を行うため、平成二二（二〇一〇）年四月から「学校教育の情報化に関する懇談会」を設け、この懇談会とその下に設置された「教員支援」「情報活用能力」「デジタル教科書・教材、情報端末」の三つのワーキンググループ等で議論を進めました。

その間、新たな情報通信技術戦略や新成長戦略など、政府の決定で相次いで教育での情報通信技術の活用が重点施策として位置付けられたことも受け、懇談会では翌年四月「教育の情報化ビジョン〜二一世紀にふさわしい学びと学校の創造を目指して〜」を取りまとめました。

このビジョンでは、教育の情報化を推進させる柱として、「子どもたちの情報活用能力の育成」、「ICTを効果的に活用した分かりやすく深まる授業の実現」に加え、それまであまり注目されなかった「校務の情報化の推進」を挙げた上で、「一斉指導による学び（一斉学習）」に加え、「子どもたち一人一人の能力や特性に応じた学び（個別学習）」、「子どもたち同士が教え合い学び合う協働的な学び（協働学習）」の推進の重要性を指摘しています。

文部科学省では、このビジョンの実証のため、平成二二（二〇一〇）年度から総務省で開始されていたフューチャースクール事業と連携して、平成二三（二〇一一）年度から学びのイノベーション事業をスタートしました。総務省事業ではハード・インフラ・情報通信技術を、文部科学省事業はソフト・ヒューマン・教育を担当するという、両省が役割を分担して連携する事業となりました。

この連携事業は平成二五（二〇一三）年度まで行われ、様々なＩＣＴ活用例が創出されました。学習場面ごとに一〇とおりに類型化（図Ⅱ－３）した整理は、現在もＩＣＴ利活用を理解するのに十分役立つものとなっています。

第二次安倍内閣に代わった平成二五（二〇一三）年六月には「日本再興戦略」「世界最先端ＩＴ国家創造宣言」「第二期教育振興基本計画」が相次いで閣議決定されましたが、いずれも教育におけるプログラミング教育や教育でのＩＴの活用の必要性が指摘されています。

特に第二期教育振興基本計画では、実証事業の成果も踏まえながら、具体的に教育用コンピュータ一台当たり三・六人、各学校コンピュータ教室に四〇台、可動式コンピュータ四〇台、各普通教室にコンピュータ一台、電子黒板一台、実物投影機一台、特別教室にコンピュータ六台、校務用コンピュータ一人一台にインターネット、無線ＬＡＮ整備等が計画内の目標とされました。

これらの整備を前提として「教育のＩＴ化に向けた環境整備四か年計画」に基づき、平成二九（二〇一七）年度まで単年度一六七八億円の地方財政措置が講じられることとなりました。

ICT活用事例の創出：熊本県高森町の例

その後も、総務省の「先導的教育システム実証事業」「スマートスクール・プラットフォーム実

A 一斉学習
A1 教員による教材の提示
画像の拡大提示や書き込み、音声、動画などの活用
B 個別学習
B1 個に応じる学習
一人一人の習熟の程度等に応じた学習
B2 調査活動
インターネットを用いた情報収集、写真や動画等による記録
B3 思考を深める学習
シミュレーションなどのデジタル教材を用いた思考を深める学習
B4 表現・制作
マルチメディアを用いた資料、作品の制作
B5 家庭学習
情報端末の持ち帰りによる家庭学習
C 協働学習
C1 発表や話合い
グループや学級全体での発表・話合い
C2 協働での意見整理
複数の意見・考えを議論して整理
C3 協働制作
グループでの分担、協働による作品の制作
C4 学校の壁を越えた学習
遠隔地や海外の学校等との交流授業

図Ⅱ-3　学校におけるICTを活用した学習場面

出典：「学びのイノベーション事業」実践研究報告書（平成26年）

証事業」、文部科学省の「先導的な教育体制実証事業」「学校ＩＣＴ環境整備促進実証研究事業」など、両省が連携した様々な実証事業を通じ、多くのＩＣＴ利活用事例が創出されてきました。

筆者は、ＧＩＧＡスクール構想以前にこのうちの一つ、学校ＩＣＴ環境整備促進実証研究事業で遠隔教育システムの導入実証を行っていた熊本県高森町を訪問する機会がありました。高森町はＩＣＴ教育関係者には知られた町だったのですが、実際の姿は衝撃でした。

高森町は熊本県の東端、阿蘇山の南麓に位置する人口およそ六〇〇〇人の町です。雄大な阿蘇山を仰ぎ見ることができる山間の自然豊かなところです。学校は、町の中心部にある町立高森中央小学校、高森中学校と東部にある高森東学園義務教育学校、更に中心部に県立高森高等学校が立地しています。

筆者が訪問した平成三一（二〇一九）年一月と令和に代わった一〇月は、町に通じる南阿蘇鉄道が途中不通のままだったり、熊本市へつながる主要国道の橋の復旧中だったりなど、平成二八（二〇一六）年の熊本地震の傷跡が残る中でした。

実証研究事業の研究発表会で訪問したのですが、いずれも全国一円からの参加者と一緒に実際の授業を見学する機会をいただきました。会場の中学校や近くの小学校では、一人一台の端末を持つ児童生徒全員の意見を大画面上に表示して教師と学び合う姿、阿蘇の火山博物館の学芸員と遠隔でつないで話を聞く姿、児童生徒数の少ない高森東学園義務教育学校の同学年のクラスと遠隔でつないで一つのクラスとして学び合いを実践する姿など、およそ考えられるICT活用の多くを既に実践していました（図Ⅱ-4・5）。

何より印象的だったのが、教師も児童生徒も端末やICT機器を全く自然に使っている姿です。全国からの視察の機会は多く、児童生徒も教室の後ろや廊下に来訪者がいるのに慣れているのだとか。特別なデジタル教材や特殊なAIアプリなどを駆使しているわけでもありません。教科書を用いたこれまでの授業の中で、児童生徒の端末が発表や記録などに使われ、ノートの代わりの文具の一つとして完全に溶け込んでいたのです。

当時の佐藤増夫教育長や古庄泰則教育推進員などにうかがうと、このような教育は、平成二三（二〇一一）年就任の草村大成町長の下、「高森町新教育プラン」を掲げ、国や県の支援事業も活用しながら、議会と行政が共に、着実に教育のICT化を進めてきた結果とのこと。町長の方針からも、将来を担う子供たちを大切にする姿勢が読み取れます。なお、高森中央小学校は令和三（二〇二一）年五月、新型コロナウイルス感染症の中、天皇皇后両陛下の初の試みとしてオンラインでの「行幸啓」先の一つに選ばれました。

他にも全国何校か訪問させていただきましたし、お声がけいただいたにもかかわらず残念ながら都合がつかず訪問できなかった学校もあったのですが、実証事業の成果報告では参加されている学校の様々な事例が紹介されました。自治体の導入の仕方は様々でしたが、ICT活用につながるす

図Ⅱ-4　高森中央小学校と高森東学園義務教育学校との英語の遠隔授業（画面の左が教師、右がALT）

図Ⅱ-5　高森中学校での阿蘇火山博物館学芸員との遠隔授業

ばらしい事例ばかりでした。

ただし、この実証事業は全国三万校の小・中学校のうち、数十校でしかありません。これら積み上げている好事例が、ＩＣＴに関心のある一部の学校にとどまっており、全国への普及・展開が大きな課題であるとも感じました。

先に触れた「教育のＩＴ化に向けた環境整備四か年計画」は目標には到達せず、翌平成三〇（二〇一八）年度からは、学習者用コンピュータを三クラスに一クラス分程度整備することなどを目標とした「教育のＩＴ化に向けた環境整備五か年計画」に引き継がれ、一八〇五億円の地方財政措置が講じられることとなりました。

全国学力・学習状況調査での挑戦

学校における大規模なＩＣＴ環境の利用例として、平成三一（二〇一九）年度全国学力・学習状況調査の中学校英語「話すこと」調査に触れておく必要があります。

この年の調査から、英語について「読む」「聞く」「書く」「話す」の四技能も対象とすることとされました。このうちの「話す」調査については、文部科学省の専門家会議でその実施方法を検討した結果、教員の負担等を考慮し、教員による面接調査ではなくコンピュータやタブレット等による音声録音方式を採ることとなりました。

前年度に一三五校で行われた予備調査では、Windows対応の学校ＰＣを活用し、ＴＡＯと呼ばれるeラーニングの国際標準規格が用いられました。更に、通信環境が満足でないため、ＰＣからＵＳＢメモリに音声データを回収し、郵送で返送するという方式を採ることとなりました。

実際に実施の運びとなった中、自らの判断で話し方調査に参加しなかった学校が四％ありました。これらの学校は、そもそもパソコンが不足しているほか、Windows OSのバージョンが古かったり、ＣＰＵやメモリの空き容量に余裕がなかったりといった環境整備が追い付いていない、元からインストールされていた環境復元機能が解除できない、シンクライアントと呼ばれる特殊なシステムを導入しているなどで、特別な措置が間に合わない、またそもそもＯＳがiOSやChrome OSなどWindows OSでないため、システムが稼働させられないなど、その原因は多種多様でした。

更に、実施したにもかかわらず、事後にデータ欠損が発覚したのが児童生徒数にして一・六％、学校数にして一七・五％ありました。これは、パソコンの動作スペックに余裕がなく正常に動作しなかったり、ハウリングを起こしたりといったシステム側の原因のほか、生徒が操作方法に慣れていなかったり、近隣の生徒の影響など、学校でのＩＣＴ利用に慣れていなかったことも原因に見受けられました。

加えて、この調査には学校現場から悲鳴が上がることともなりました。教師の負担を減らす目的でＰＣを活用する方式にしたのですが、事前に稼働するかどうかの検証、稼働しない原因となるアプリの特定と停止、また録音データの確認、更にはＵＳＢの返送など、各学校の教職員の作業量が増大したのです。

　あまりにもＯＳをはじめとするＰＣ環境がバラバラな上、ＩＣＴ支援員も満足でないため、各学校の教職員が直接準備作業や当日の対応をする必要がありました。更に、ＩＣＴの技術的な視点からすれば、音声データは送信するものであり、ＵＳＢの郵送というのは本来おかしな行為なのですが、学校の外部との極めて貧弱な通信環境からそうせざるを得なかったのです。

　普段利用されていなかった学校のＩＣＴ活用が、お粗末な状況であることの一端をクローズアップさせることとなりました。

見えてきた様々な課題

　これまで学校におけるＩＣＴ利活用挑戦の道のりを振り返ってきましたが、いくつか課題も見えてきました。
○整備を設置者に任せきりにすると、設置者の意向に大きく左右される。整備が進まなくても教師など学校現場は努力するので、必要性の意識も共有されない。
○学校でのＩＣＴ活用事例は既に黎明期から創出されているにもかかわらず、ＩＣＴ環境が満足にないと、共有されないばかりか実践への関心ももたれない。

○せっかくＩＣＴを整備していても、不十分なスペックや過剰なシステム装備など、利便性に劣る構造。そもそも端末のスペックやソフトウェアが各学校でバラバラのため、複数の学校で共通した活用ができない。
○ＩＣＴ環境が校内で閉じており、学校外との通信ネットワークがあっても極めて貧弱。外部と満足な通信が確保できない。

このため、社会がSociety 5.0へと向かう中、学校だけは情報社会のSociety 4.0にも進めず、大きく取り残される結果となってしまいました。

この問題意識がＧＩＧＡスクール構想の思想に反映されています。Ｉ章で触れたとおり、クラウド活用で社会が変わるSociety 5.0を迎える段階でのＧＩＧＡスクール構想では、まずはクラウド活用を前提とした、標準的な軽い端末スペックの下で学校の通信を確保するという環境をつくり上げないと、学校現場も関心をもって利活用を実践できないとの考えに立って、国がＩＣＴ環境整備に対する補助へ大きく舵を切ったのです。

Ⅲ章

教育DXがもたらす教育の姿

1　デジタル技術による教育

デジタル技術の特徴

この章では教育のＩＣＴ利活用がもたらす教育の具体の姿を見ていきます。ただし、ここでは、本書の目的に合わせ、様々な利活用法の要素を取り出しながら、教育論や教育的ノウハウでなく、できるだけ「デジタル技術」に視点を当てていくことにします。

その準備として、まずデジタル技術自体を押さえておきたいと思います。「デジタル」とは、様々な状態を離散的な整数値で表すことです。連続的な状態のアナログと対をなすもので、針が滑らかに動くアナログ時計と数字で示すデジタル時計が分かりやすい例えとして挙げられます。特に整数値を0と1の二進法として、電気信号のオフとオンに置き換えたものが、一般的にデジタル情報と呼ばれるものです。

デジタルの特徴として次のようなものが挙げられます。

■情報劣化がなく保存や複写が容易

写真やレコード、書類であれば保存に書棚や倉庫などそれなりの空間が必要ですし、温度や湿度などの管理を徹底しても経年劣化は避けられません。物理的な衝撃にも脆弱です。一方、これを0と1という信号から成るデジタル情報に変換すれば、保存も記憶媒体だけで場所を取らず容易です。基本劣化することはありませんし、記憶媒体の劣化もデータのバックアップで対処可能です。

また、これまでの写真やレコードは、コピーすると少しずつ劣化することは免れず、何度もコピーされたものは元と異なってきます。一方デジタル情報であれば、元データを完全に残存させつつ、劣化のない完全複写がほぼ無限に可能です。

様々な情報の加工や組合せが容易

画像、音声、動画などを加工するには、それぞれに専門の技能や特別な装置が必要でした。価値ある絵画などは加工さえ許されるものではありません。しかし、デジタル情報であれば、コンピュータのソフトウェアで容易に加工できます。画像に好きな音声を付ける、動画と音声の組合せを変えるといった異なる情報の組合せも、コンピュータで自在に可能です。

情報の高速処理が可能

デジタル情報の処理はコンピュータによる演算の組合せで、人間が五感で感じる時間の感覚よりはるかに高速に処理が可能です。このため、実質人間に処理時間を感じさせないリアルタイムの扱いが可能となります。例えば何か調べものをする場合、図書館の多くの所蔵資料から目的のものを探し出すには、数日要する場合もありますが、デジタル情報では、検索をかければ膨大な情報から容易に探し出すことができます。更に自動化技術と組み合わせれば、ロボットなどの機器も人にとって違和感なく、ときには自動運転のように人より俊敏で安全に稼働させることも可能となってきます。

▒遠距離でも瞬時の情報のやり取りが可能

モノやヒトを運ぶスピードも技術革新で速くなってきました。日本からヨーロッパまで、明治時代には一か月以上かかったのが、今は飛行機で半日程度で行けるようになりました。一方で、デジタル情報であれば電気信号として光ケーブルの中を光速で伝えることができるので、海外の相手とタイムラグなく、あたかも目の前にいるかのような感覚で会話ができます。また海外のホテル予約など必要な情報へのアクセスも瞬時に可能です。更に複写と組み合わせると、同じ情報を一度に複数送信できるため、世界中に散らばる多くの人と大規模なオンライン会合もできます。

これらの特性はSociety 5.0への変革をもたらそうとしているＩｏＴ、ＡＩ、ビッグデータ、ロボットの技術の基盤ともなっています。Ｉ章で紹介したフィジカルとサイバーの融合は、デジタル情報などデジタル技術によるものです。

令和の日本型学校教育でのＩＣＴ活用

このようなデジタル技術の特性は教育にどう生かしていけるのでしょうか。

ＧＩＧＡスクール構想を踏まえ、国から体系的に示された教育の方向性として、中央教育審議会令和三（二〇二一）年一月の答申『令和の日本型学校教育』の構築を目指して～全ての子供たちの可能性を引き出す、個別最適な学びと、協同的な学びの実現～」があります。この方向性は、以降の中教審の審議や、教育振興基本計画などその後の政府方針に反映されています。

この答申では、明治から続く我が国の学校教育の蓄積である「日本型学校教育」のよさを受け継ぎながら、ＩＣＴを基盤としつつ発展させて二〇二〇年代に実現を目指す学校教育を「令和の日本型学校教育」と名付け、その姿を描いています。

この「令和の日本型学校教育」では、「個別最適な学び」と「協働的な学び」を一体的に充実させることが前提です（図Ⅲ‐1）。「個別最適な学び」は、学習内容の着実な定着のため学ぶべきことを一人一人のペースで教える「指導の個別化」と、一人一人異なる課題意識に対応した学びである「学習の個性化」から成ります。そして、一人一人の学びによる学習の孤立化を防ぎ、互いが参照し異なる考えが組み合わさる相互啓発をもたらす「協働的な学び」があります。この「個別最適な学び」と「協働的な学び」が一体的に充実することで、子供たちが主役の「主体的・対話的で深い学び」につながるようになります。

従来の授業スタイルでは「個別最適な学び」と「協働的な学び」の実践は限界があります。ＩＣＴ、デジタル技術を基盤として利活用することで、大きく実現することとなります。

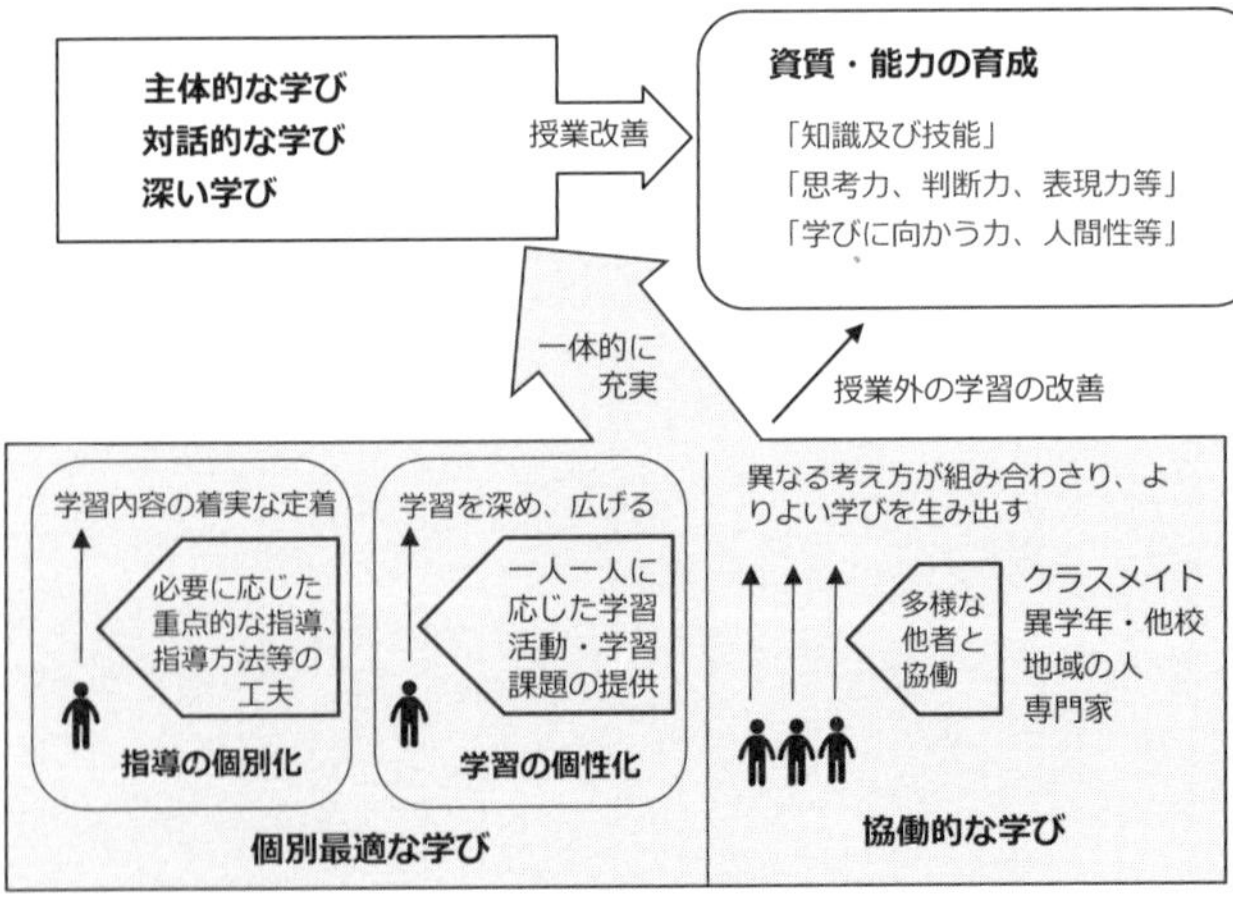

図Ⅲ-1 「個別最適な学び」と「協働的な学び」の一体的な充実
文部科学省資料を基に筆者作成

学校でのＩＣＴの利活用がもたらす姿は、具体的にどのようなものでしょうか。教育現場での実際の利活用の姿は複合的ですが、理解のために単純化して次の第２節で見ていきます。まず、主に個別最適な学びの観点から、デジタル教科書、一人一台の標準端末のフル活用、特別支援教育、また協働的な学びの観点から遠隔教育、クラウドを通じた意見や表現の発信・共有、更には教職員の業務効率化の観点からの利用法について、実際に利活用をうまく進めている実例とともに見ていきたいと思います。

2　デジタル技術がもたらす姿

デジタル教科書

いよいよデジタル教科書が導入されます。デジタル技術を利用したデジタル教科書は、個別最適な学びへの活用としてまず頭に浮かぶ活用法です。

デジタル教科書は平成三一（二〇一九）年四月から、紙の教科書に代えて利用できるものとして法制化されました。併せて文部科学省では「学習者用デジタル教科書の効果的な活用の在り方等に関するガイドライン」を公表して、その効果的な活用法と留意点を示しています。更に著作権法の改正など制度面の整備を経て、令和六（二〇二四）年度から全ての小・中学校等を対象に、小学五年生から中学三年生に対して英語から本格導入されます。その後も状況を踏まえながら算数・数学、更にその他の教科へと広げていくこととなります。

ガイドラインでは、学習者用デジタル教科書を学習者端末で使うだけでなく、他のデジタル教材との組合せ、他のＩＣＴ機器等との組合せなどで効果的な学習ができるとして一二の場面を示しています（図Ⅲ－2）。

デジタル教科書を一人一台の端末上で「ペンやマーカー等での繰り返しの書き込み」「書き込んだ内容の保存・表示」だけでも、より主体的な学びへ広がっていくことができます。

デジタル教科書を教材と組み合わせると「音読・朗読や外国語のネイティブの発音を本文に同期

学習者用コンピュータで使用することにより
可能となる学習方法の例

1 | 拡大

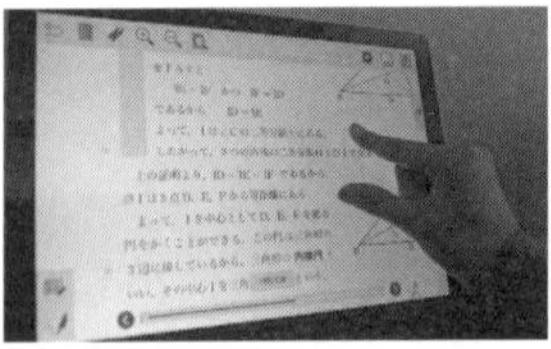

2 | 書き込み

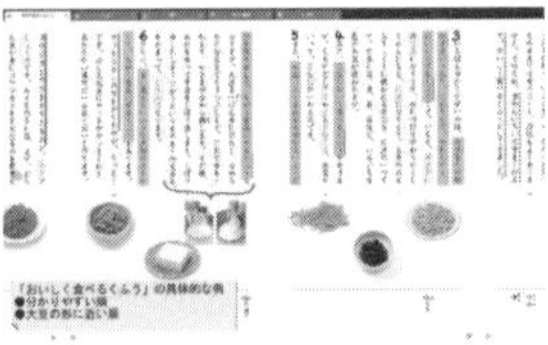

3 | 保存

4 | 機械音声読み上げ

5 | 背景・文字色の変更・反転

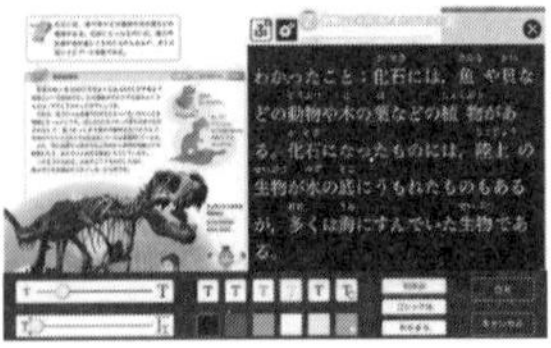

6 | ルビ

他のデジタル教材と一体的に使用することで
可能となる学習方法の例

7｜朗読

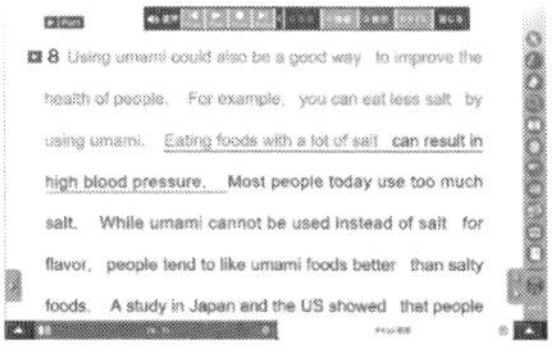

8｜本文・図表等の抜き出し

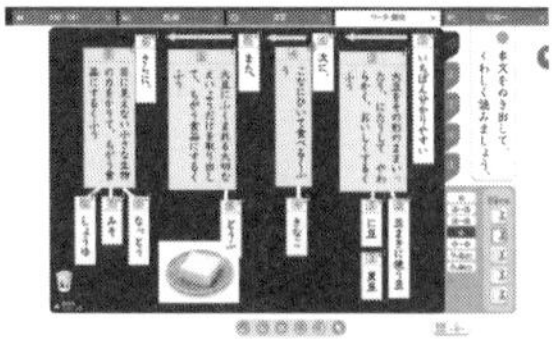

9｜動画・アニメーション等

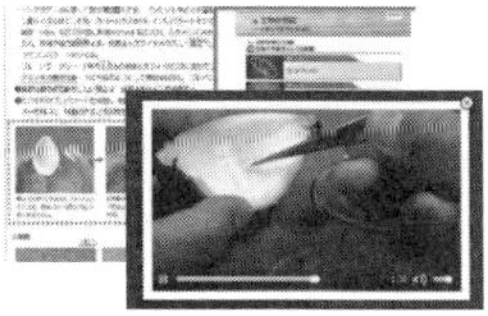

10｜ドリル・ワークシート等

他のICT機器等と一体的に使用することで
可能となる学習方法の例

大型提示装置による表示

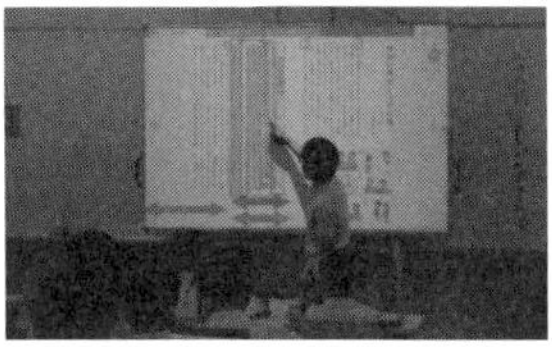

ネットワーク環境による共有

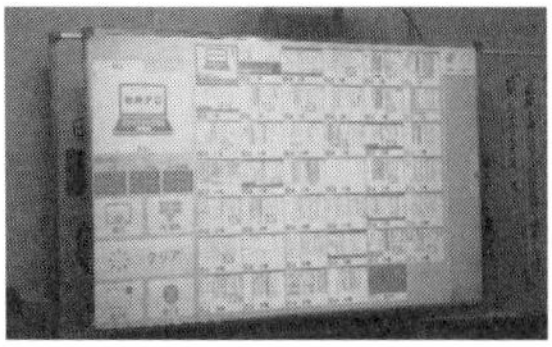

図Ⅲ-2　学習者用デジタル教科書・学習者用デジタル教材の主な学習方法等の例

出典：文部科学省「学習者用デジタル教科書の効果的な活用の在り方等に関するガイドライン」

させる」「文章や図表を抜き出して使う」「紙面に関連付けて動画やアニメーションを利用する」「紙面に関連付けてドリルやワークシートを利用する」といった紙の上ではとても実現できなかった使い方ができるようになります。これらが子供たちが自らの興味・関心を広げ、思考や理解を深めることになるのは改めて指摘するまでもありません。

また、デジタル教材も教育系企業のみならず、社会貢献の一環として様々な分野の機関等からも提供されています。例えば、科学、技術、工学、芸術、数学の統合的な学習であるSTEAM教育は、経済団体、全国の大学や理化学研究所をはじめとする研究機関、文部科学省をはじめ各府省など産学官が連携して推進する取組が始まっています。

このような利用法は、デジタルの動画や音声、文字などを高速処理して、理解しやすく加工する技術が貢献しています。更に動画などを含むデジタル教科書や教材の大量のデータを端末で抱える必要がなく、クラウドに保存した上で、必要なときだけに高速で通信してアクセスできる技術があって実用化されるものです。

デジタル教科書の本格導入に先立ち、単にデジタル教科書を紙の代替として漫然と使うのでなく、個別最適な学びにつなげることを明確に目標に位置付けて利活用に取り組んでいる例が、長野県飯田市です。

飯田市は長野県南部に位置し、南北に天竜川が貫く人口一〇万人弱の市です。下伊那地域と呼ばれる長野県最南端の地区の中心都市でもあります。今はリニア中央新幹線の駅の建設工事で活気付いています。市内には小学校が一九校、中学校が九校あります。

市では、令和四年度、まずは学習者用デジタル教科書と個別最適な学びのかけ合わせによる二年後の子供たちの姿として、「児童生徒自身が自らの特徴やどのように学習を進めることが効果的であるかを把握したうえで、興味関心等に応じた目標を設定できるようになる」という姿を掲げました。この姿に向かうため、市内全二八校でまずは外国語教育担当者への研修から取り組み、市の外国語担当とICT担当による授業参観や研究会を通じて教員への指導・支援、更にはそれを踏まえた具体的な活用例や効果の提示を行ってきました。

このような着実なステップを踏んできた結果、子供たちの語彙の定着が顕著に向上するだけでなく、自分が授業に取り組んでいると主体性を感じる児童生徒が顕著に増えたという調査結果が示されています。

飯田市は決してICT利活用が目立って進んでいたわけではありません。いわば普通の市が全校挙げて着実にデジタル教科書の力を引き出す取組を進めている好例と言えます。

一人一台の標準端末のフル活用

GIGAスクール構想に向け文部科学省が示している標準仕様端末は、子供たち一人一人が使いこなすことで、それだけでも令和の学びを十分に実現できるものとなっています。制御・演算装置であるＣＰＵや、記憶装置であるメモリ、キーボードやカメラ、マイクなどの入力装置、画面や音声などの出力装置、Ｗｉ－Ｆｉや外部接続端子など、全てが様々な学びでの活用を想定して検討された仕様です。これら装置全体を一つの端末として制御するためのソフトウェアがオペレーティングシステム（ＯＳ）で、標準仕様は一般で広く用いられている三つのＯＳごとに示されています。

標準仕様書で示されている学習用ツールも同様に、学びでの活用を想定して検討されたものです。仕様書ではワープロや表計算、プレゼンテーション、写真や動画、ファイル共有やアンケート、電子メール、インターネットブラウザを挙げていますが、いずれも学びにおける様々な場面で必要となるものです。

ワープロ、つまり文書作成ツールは、ノート替わりに使うだけで情報活用能力の育成につながります。表計算ツールを使えば数値の視覚的、感覚的な理解が短時間で効率的に深まります。プレゼンテーションツールでは表現方法が飛躍的に向上し、子供たちの自由な発想を広げます。

付属のカメラによる写真撮影は、端末に初めて触れる小学一年生の児童が取り組みやすい例としてよく挙げられます。体育や書写での動画撮影の活用、音楽や図画工作での創作活動でもその力を発揮します。文字に限らず画像、音声といった様々なデジタル情報は子供たちでも端末から容易に

表Ⅲ-1　OSごとの代表的な標準ツール

	Windows	Chrome OS	iOS
文書作成	Word	Google ドキュメント	Pages
表計算	Excel	Google スプレッドシート	Numbers
プレゼンテーション	PowerPoint	Google スライド	Keynote
電子メール	Outlook	Gmail	Apple Mail
インターネットブラウザ	Edge	Google Chrome	Safari

作成、加工、利用できます。

これら装置や学習用のツールは、いずれのOS搭載端末でも標準で搭載されるものがほとんどです（表Ⅲ－1）。また、OS企業からは、Google Workspace for EducationやMicrosoft 365 Educationという、教育向けのツールとクラウドのセットが製品として展開されており、無償でも使えることから、これらを別のOS上で使っている学校もあると思います。OSごとに使い勝手は微妙に異なるものの、基本的な操作は同じです。一般社会でも必須のものばかりで、今や社会を生きる基盤とも言えます。

学校では、ICT利活用を進めようと特別なデジタル教材や学校向けアプリを導入しがちです。しかし、文部科学省の標準仕様書においても「学校向けの特別な仕様である必要はなく、一般向けのソフトウェアで十分」とされています。やみくもに特別な教材やアプリに急ぐのではなく、まずは社会一般で汎用的な標準ツールを普段の学校で使いこなすことで、社会に向かう子供たちの情報活用能力の育成にもつなげてほしいと思います。

標準端末を効果的に活用して、目指す教育を実現している学校として、富山県富山市立芝園小学校が好例として挙げられます。

市では、GIGAスクール構想前から問題解決型学習（PBL）の実践に向けた取組を進めていました。ただ、以前はクラス全員での一斉型の実践にとどまっていました。

そこにGIGAスクール構想が始まり、令和三（二〇二一）年四月から一斉に一人一台端末が導入されました。教師が先んじて準備する期間もない中、芝園小学校では國香真紀子校長先生の方針で、まずいろいろな機能を学習で使ってみよう、みんなで試してみようと端末に向き合ったそうです。案の定、子供たちはあっという間に様々な端末活用の方法を会得したそうです。

子供たちは、PBLにおいても様々な場面で端末を活用するようになりました。Google スプレッドシートの表やグラフの活用だけでなく、Google フォームでのアンケートも使いこなすことで、子供たちがPBLに必要なインプットやアウトプットの情報量もスピードも格段に上がったそうです。その結果、一人一人にPBLの実践が可能となり、まさに個別最適な学びがデジタル技術で実現できたことになります（図Ⅲ－3・4）。

ただ、単に実現できたわけではありません。教職員は、子供がどれだけ自分で課題を決定するかの「学習課題」、学習過程のサイクルを子供がどれだけ自身の意思で回しているかの「学習過程」、

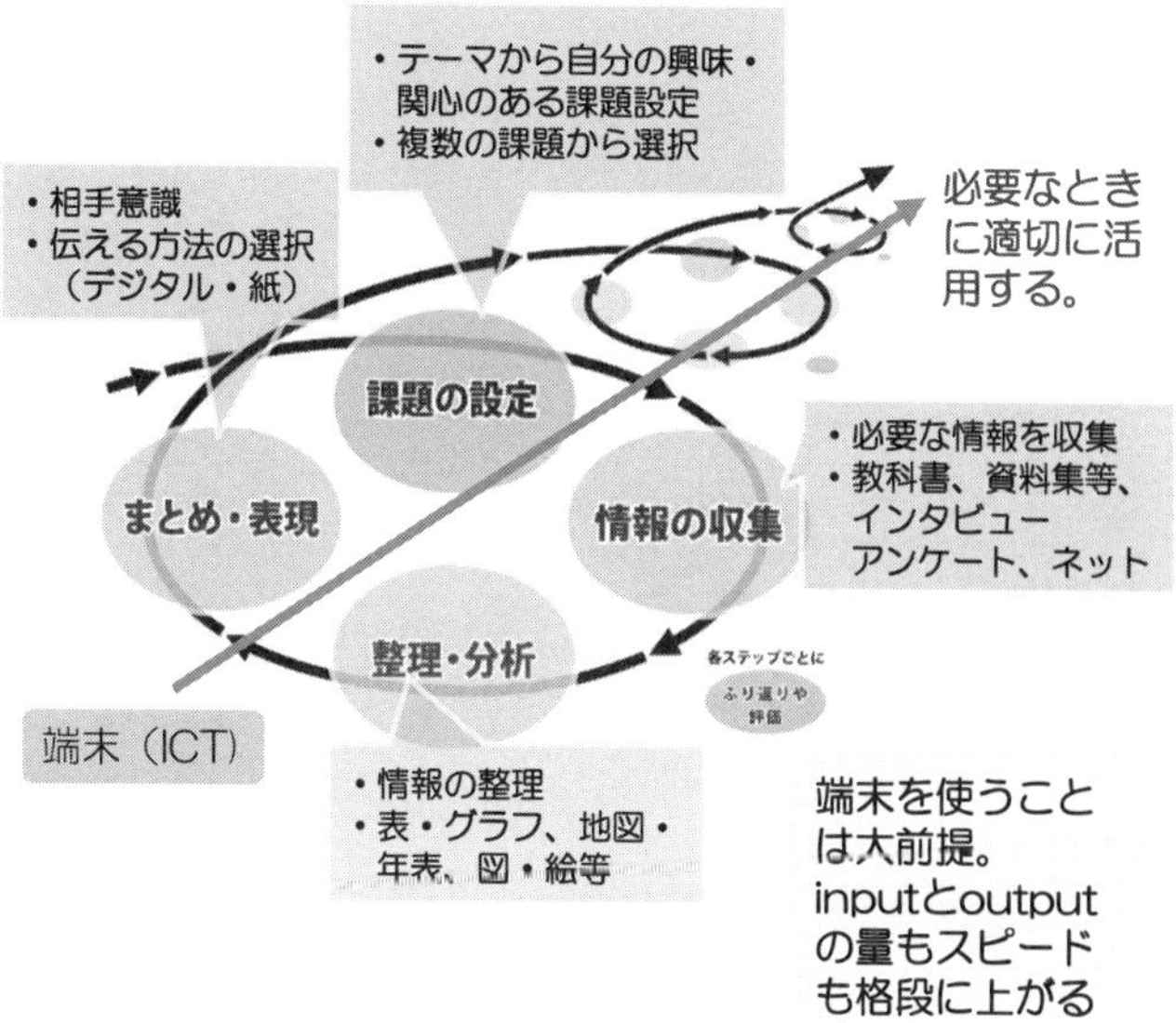
・テーマから自分の興味・
関心のある課題設定
・複数の課題から選択
・相手意識
・伝える方法の選択
（デジタル・紙）
必要なとき
に適切に活
用する。
課題の設定
まとめ・表現
情報の収集
整理・分析
・必要な情報を収集
・教科書、資料集等、
インタビュー
アンケート、ネット
各ステップごとに
ふり返りや
評価
端末（ICT）
・情報の整理
・表・グラフ、地図・
年表、図・絵等
端末を使うこと
は大前提。
inputとoutput
の量もスピード
も格段に上がる

図Ⅲ-3　富山市立芝園小学校での新たな学びのスタイル「PBL＋1人1台端末の活用」

國香真紀子校長先生提供資料を基に筆者加工

子供が誰と学ぶかを決めているかの「学習形態」の三指標を指導案や研究協議を通じて共有していきました。その結果、教職員に授業イメージへの共通認識が形成され、令和の学びの体現につながっていったのです。

特別支援教育

デジタル技術はまた、ときに端末と周辺装置と組み合わせて個々に処理できることから、障害による学習や生活での困難さを改善、克服するのに極めて大きな役割を果たします。

画面の拡大表示や、デジタル教科書の「紙面の機械音声の読み上げ」「紙面の背景色や文字色の変更、反

図Ⅲ-4　富山市立芝園小学校での「新たな学びのスタイル」の様子

転」「漢字へのルビ表示」は、視覚障害、聴覚障害のある児童生徒が他の児童生徒と同様の学びを受けられる可能性を広げます。視覚障害のある児童生徒への点字キーボードや読み上げソフト、聴覚障害のある児童生徒には音声情報を視覚化する文字変換ソフトなどが既に実用化されています。障害の状態を考慮した利用が可能です。

抽象的な事柄など、理解が困難な事項を視覚的に理解するソフトや意思表示を容易にするアイコン機能などは、知的障害のある児童生徒の理解に役立つ機能となります。

肢体不自由者には、画面上に表示されるスクリーンキーボード、ジョイスティックやトラックボール、ボタン型マウスなどマウス操作の支援装置、音や光、屈曲や呼気で反応するセンサー、また視線入力装置など、様々な障害に個別に応じた補助手段を選ぶことができます。

後述する遠隔技術を用いれば、肢体不自由者や病気療養者が学び合いの機会を得ることができます。読み上げや書き込み、プレゼンテーションツールなどは、発達障害のある児童生徒の困難の軽減・解消に役立ちます。

特別な装置の利用に至らなくても、各学校の特別支援学級などの学びの中で、端末を個別に最適化して利活用することで、子供たちの学習の困難さの改善に大きく貢献しています。デジタル技術は実に様々な形で、子供たちの不自由さを補っています。

特別支援教育でICT利活用を実践している例として、静岡県吉田町を見ていきます。

吉田町は静岡県の中部に位置する人口約二万九〇〇〇人の自治体です。小学校が三校、皆が町内に一校ある中学校に進みます。決して以前から教育でのＩＣＴ利活用が進んでいたわけでなく、むしろ国のＧＩＧＡスクール構想開始から取り組み始めました。

ただし、令和三年二月の端末導入と相前後してからのＩＣＴ利活用への取組は極めて順調です。町全体が「自ら主体的に学び続ける力を育成する」との目標の下、授業では、子供たちに端末を用いて「自己決定」の場をつくることを目指しました。順調に進んだのは、全教職員研修会を頻繁に開催し、クラウドを使った情報共有に始まり、ＩＣＴ利活用を当たり前にすることから取り組んだ効果が大きいようです。一年で子供たちの学びは大きく変わっています。

特別支援学級でも端末をフルに活用してこの「自己決定」の場を実現しています。特別支援学級には文字が苦手、聞くのは苦手だが見るほうは得意、コミュニケーション、協働が苦手といった様々な子供たちが集まります。その子たちが、ある子供は画像に集中し、別の子供は音声に集中して自分に合ったやり方で探究的な学びを進める姿が見られます。コミュニケーションが苦手な子はチャットを活用することで、文字を通じて協働を実現しています（図Ⅲ－５）。

様々なデジタル機能が個別に寄り添うことで、特別支援学級の子供たちにも通常の学級の子供たちと同じ主体的な学びが、それぞれ個人に合ったやり方で広がることになりました。

また、このような子供たちが使う端末の効果だけではありません。吉田町全四校の特別支援学級

図Ⅲ-5　吉田町の特別支援教育での活用例（「夏パーティーのかざりをつくろう」の議題に自分に合ったやり方で情報の収集、整理・分析を行う）

がクラウドでつながり、様々な情報共有が行えるようになりました。更に通級指導教室では、子供に関係する教職員だけでなく保護者もクラウドを通じてつながるメリットを実感しているとのこと。これらも特別支援教育での個別最適な学びの実現のためにＩＣＴが活用されている好例と言えるでしょう。

これまでＩＣＴ技術は経済や組織へのシステムが優先されがちで、個人の能力などによってＩＣＴ技術から得られる価値に格差が生じがちでした。このため、Society 5.0の目指す社会は人間が中心となる社会ということを強く打ち出しています。政府が表明したデジタル社会の原則でも「誰一人取り残さない」、「人にやさしいデジタル化」を旨としています。

デジタル技術では、ＵＩ／ＵＸの観点が重要です。ＵＩはユーザーインターフェース、利用者との接点との意味で、人とコンピュータとの間で情報をやり取りする入出力装置などのことを指します。またＵＸはユーザーエクスペリエンス、利用者が製品やサービスを通じて得られる経験のことです。

デジタル技術は障害者の学習を通常の学級と同じにできる潜在力をもっています。今後とも利活用方法の進化とともに、ＵＩ／ＵＸも様々な障害や困難をもつ者により使いやすく進化していくことが期待されます。

遠隔教育

デジタル技術は他者との学び合い、協働的な学びにも画期的な効果をもたらします。遠距離との高速通信の技術を使った遠隔教育は、分かりやすい例として挙げることができます。本来別の情報である動画と音声をデジタル化することで、まとめて高速に加工処理し、ノイズなく送受信することが可能となったからです。デジタル化された教材との連動も可能です。

文部科学省で筆者が担当していた平成三〇（二〇一八）年九月、それまでの実証事業の成果も踏まえ、ＧＩＧＡスクール構想に先駆けて「遠隔教育の推進に向けた施策方針」を取りまとめています。

ここでは、遠隔システムを活用する授業として、図Ⅲ－６のとおり三つの類型化を示しています。

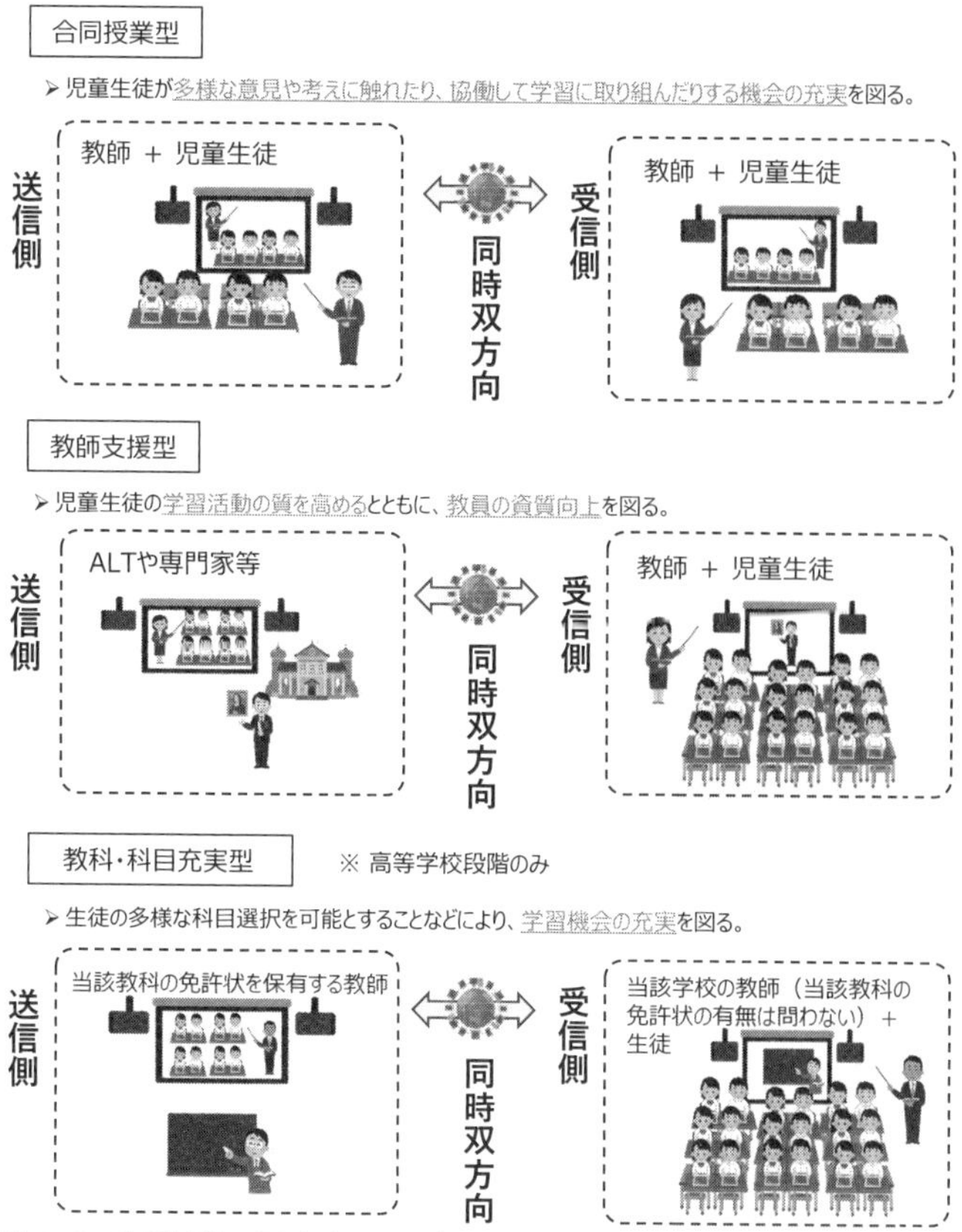
合同授業型
➢児童生徒が多様な意見や考えに触れたり、協働して学習に取り組んだりする機会の充実を図る。
送信側
教師 ＋ 児童生徒
同時双方向
受信側
教師 ＋ 児童生徒
教師支援型
➢児童生徒の学習活動の質を高めるとともに、教員の資質向上を図る。
送信側
ALTや専門家等
同時双方向
受信側
教師 ＋ 児童生徒
教科・科目充実型
※ 高等学校段階のみ
➢生徒の多様な科目選択を可能とすることなどにより、学習機会の充実を図る。
送信側
当該教科の免許状を保有する教師
同時双方向
受信側
当該学校の教師（当該教科の免許状の有無は問わない）＋生徒

図Ⅲ-6　遠隔授業の類型（イメージ）

出典：「遠隔教育の推進に向けた施策方針」（平成30年9月14日）

一つは「合同授業型」と呼ばれる利用型です。小規模校の授業などで、学校同士を遠隔システムでつなぐことで、多様な意見や考えに触れたり協働して学習に取り組んだりする機会が充実します。Ⅱ章で紹介した、熊本県高森町での小規模校である高森東学園義務教育学校の児童と同学年の高森中央小学校とをつないだ授業が好事例です。筆者は義務教育学校の児童が画面越しに生き生きと学び合っている姿を見ることができました。

二つ目は「教師支援型」です。教師の授業にＡＬＴや専門家等の外部人材の支援を受けたり、社会教育施設等との連携授業を行ったりといった取組で、子供たちの興味・関心を引き付け、理解をより深めることができます。

筆者が勤務していた国立研究開発法人理化学研究所は、かつて世界一のスーパーコンピューター富岳や新元素ニホニウムの発見など、基礎研究で日本をリードする研究機関です。広報と社会貢献活動の一環として、科学を分かりやすく紹介する子供向けの動画コンテンツをRIKEN Channelで提供しています。新型コロナウイルス感染症が蔓延する中、「教えて！新型コロナウイルス」の動画を提供したところ、総合学習の教材として活用してくれる学校もありました。

そのうちの一つ、埼玉県富士見市立水谷小学校から、動画を通じて子供たちが新型コロナウイルスに関心をもったので、直接子供たちと研究者がオンラインで対話できないだろうかとの要望があり、免疫学が専門の小安重夫理事が対応することとなりました。普段は世界の研究者とのやり取り

図Ⅲ-7　富士見市立水谷小学校と理化学研究所との遠隔授業

をしている著名な専門家が、小学生からの多くの鋭い質問に圧倒される場面もありました。このような機会は研究所にとっても、施設の一般公開など十分な広報活動に制限があるコロナ禍であっても、子供たちの科学への関心を引き出す機会、地元の研究施設への理解を深めてもらう機会につながりました（図Ⅲ－7）。

三つ目は「教科・科目充実型」。高等学校には多くの選択教科がありますが、一つの学校で全てを教えられるだけの常勤教師はおらず、おのずと高校生は選択できる科目が限られてしまうこともあります。これを遠隔で補うものです。学校間の距離がある北海道では、以前から高等学校の書道などの授業で行われています。

これらは授業での遠隔システムの活用ですが、個別指導であれば外国人など日本語指導が必要な児童生徒への支援、不登校や病気療養の児童生徒への支援など、その幅は広がります。

そして何より、新型コロナウイルス感染症による学校の休業の中でも学びを止めないため、オンライン学習が行われた学校もいくつもありました。画面を通じて先生や友達の顔を見るだけでもクラスの一体感、学び合いは補完できます。

遠隔技術は十分な高速大容量の通信ネットワークさえ整えば、すぐにでも役立ち、学びが大きく広がるものです。

クラウドを通じた意見や表現の発信・共有

学びの中で、自分の意見を学習用ツールを用いて他人に共有したり、分かりやすく発表したりする力も、これからの時代に必要なスキルです。

従来は各自が意見を紙のノート上にまとめるものの、指名された者が発表しているのが普通でした。発表する者は限られ、ときに発表者が固定されると、別の児童生徒の意見を知る機会は得られないことにもなります。そもそも、各自がどのような過程を経てその結論に至ったのかまでは共有は困難でした。デジタル技術を使えばこれらが一挙に解決していくことになります。

端末上に記述した意見はすぐにグループ内や教室内で皆に共有することができます。以前では意見発表の機会がなかった児童生徒の意見も皆が見られることになります。アンケート機能を使えば、皆の意見を瞬時に確認することができます。一方で教師と児童生徒の間でのコメントのやり取りのような、一対一の共有も見られます。

子供たちの様々な資料の作成過程の可視化も可能です。教職員は子供たちの思考過程を見ながら指導することもできます。子供たち同士で作成途中の資料を共有し合い、他人の考えを見ながら自分の意見をまとめていくことも容易です。

グループの発表資料やデジタル芸術作品なども、ファイルを複数で共有し、同時に加工することで共同作業も容易です。

これらの機能は、いずれもクラウドの技術により実現するものです。

クラウドに保存されたデータは、このクラウドにつながる複数の端末からアクセス可能となり、同時加工も可能です。ＯＳ標準装備の学習用ツールなどを用いれば、あえてクラウドの存在を意識する必要なく利用できます。複数の端末とつながるということは、特に協働的な学びの実践に大きな効果をもたらすことを意味します。

各地で実践例も創出されています。その中の一つ、愛知県春日井市立高森台中学校では、以前から日常的にＩＣＴの活用が進められてきていたこともあり、ＩＣＴの特性を最大限生かした子供の主体的な学びが実現しています。

例えば、授業の中で生徒が皆、自分の考えをGoogle OS標準のソフトであるGoogle スプレッドシートに記入し、クラウドを使ってクラス全員で共有します。それを基に生徒同士が意見交換を行っていく中で、クラス全員が思考を深めていきます。

また、別の授業では、生徒がクラス内で画面を共有して共に演習問題を解いたり、自分に合ったレベルを自ら選んで自分のペースで問題を解いていったりといった授業が実現しています。教師はクラス全員の進捗を端末上で確認することができ、画面を通してそれぞれヒントを与えるといった使い方も行われています。

教科書や教師の指導だけに限らず、クラス全員の考えに触れながら、自らも深く考えるといった問題解決能力の育成、まさに協働的な学びにクラウドを通じたICT利活用が寄与しています。

教職員の業務効率化

ICTが学校にもたらす変革は子供たちの学びだけではありません。

学校現場の教職員の長時間労働は言われて久しい問題です。令和五（二〇二三）年八月には中央教育審議会からも緊急提言が示されるなど改めて焦点化されており、対応策として学校が担うべき業務の徹底や授業時数・行事の在り方の見直しなどの取組と並んで、校務へのICT活用による効率化が推進されるべき旨が示されています。

特に、文部科学省での教員勤務実態調査では、授業準備や成績処理に従事する時間にばらつきがあることが明らかになっています。この要因にＩＣＴ利活用の程度があることは間違いないでしょう。こちらもデジタルによる教職員や保護者との情報交換、資料のペーパーレス化、また校務用のアプリ導入、クラウドを活用したオンライン化などで効率化を促進していくことが肝要です。更に今後は生成ＡＩの積極活用も見込まれます。

このＩＣＴによる「校務効率化」を「授業改善」との両輪と位置付け、教育委員会のリーダーシップの下でその回転を加速させている例として、埼玉県久喜市が挙げられます。

久喜市は埼玉県北東部に位置する人口一五万人の市で、小学校二一校、中学校一〇校があります。市では、新型コロナによる全国一斉休業の間、学習補充サイトの立ち上げや双方向型オンライン学習を開始するなど、ＩＣＴを使った様々な取組が各学校で進みました。更にそれらが教育委員会の指導の下で横展開され、その様子は複数のメディアで紹介されました。

ＩＣＴの便利さの実感につながったのは、令和二（二〇二〇）年五月に Google の一人一アカウントを付与したことで、各個人がクラウドベースで作業できる環境となったことです。児童生徒は、授業の内容を時間や場所の壁を越えて家庭でも自らの学習にアクセスできるようになり、探究的な学びがより一層深まりました。今では、体調不良等で登校できない場合でも、希望すればオンラインで授業を受けることが当たり前になっています。各教室で、グループ討議をしているうちの一人がオンラインで話合いに参加しているという光景は珍しくありません。

図Ⅲ-8　桜に囲まれた久喜市立久喜東小学校

Googleアカウントとクラウド活用は、教職員も利便性を肌で実感することとなりました。教材や会議資料の作成等、時間や場所に縛られることがなくなりました。

更に、ＩＣＴに長けている教職員たちが教育委員会のサポートを受け、各校のポータルサイトを立ち上げました。これにより授業に限らず、授業外の必要な資料にも容易にアクセスできるようになりました。

市内の学校の一つ、久喜東小学校（図Ⅲ－8）では、校内で立ち上げたポータルサイトを日々充実させています。各教職員などから相談を受けるたびに、修正を繰り返しながら、必要な情報にすぐにアクセスできるようアイコンを見やすく分かりやすくレイアウトしています。ポータルサイトからは、気軽に教職員とやり取りができるチャットや休暇簿、学習補充計画等にアクセスできます。このポータルサイトの「会議資料」は、Googleドキュメントや Googleスプレッドシート等でつくられており、全ての資料が共同編集できるようになっているのも特徴です。

また、保護者は学校ホームページから欠席連絡ツールへアクセスすることができますし、担任が児童へ向けた連絡等も各 Google Classroom で閲覧することも可能です。クラウドベースの校務効率化を軸として、教育DXが軌道に乗っている例と言えます。

各校のポータルサイトのよさが市内の他の学校にも共有され、学校間、教職員間で相互に高め合う文化が広がっているのも大きな特徴です。筆者も参加した市内の砂原小学校での研究発表会では、参加者は申込みから当日の研究概要、指導案等一連の資料共有まで、全て学校のポータルサイト上で行えるようになっていました。研究発表会の本来の趣旨であるSTEAM教育の実践のみならず、全体会、分科会等で学校の教職員がICTを使いこなす様は、すでにICTが教職員の利便性向上の基盤として根付いていると感じさせるものでした。

デジタル技術としては、これまで見てきた個別最適な学びや協働的な学びの利用法と大きく異なるものではありません。このような校務での個別作業、共同作業の経験を子供たちの学びに取り入れていくこと、あるいはその逆に学びでの活用を校務に応用することで、よい連関をつくっていくことが期待されます。

魅力ある就職先として必要なＤＸ

大量退職、大量採用で全国的に教師不足も叫ばれる中、ＩＣＴによる学校現場の業務効率化は、現職職員の働き方改革のみならず、学校を就職先候補とする就職志望者にとって、より魅力的な選択肢となることを意味します。特に今の若者にとって、職場のＤＸ環境は選択の上で極めて大きな要因となっています。

株式会社学情の令和三（二〇二一）年調査によれば、自社の就職、転職サイトを訪問した者のうち、約半数は「企業がＤＸを推進していることを知ると志望度が上がる」と回答しています。「企業の成長には、ＤＸ推進が不可欠だと思う」、「デジタル技術やデータを駆使することで、よりニーズに合ったサービスが提供できると思う」といった企業経営の視点だけでなく、「効率的に働くことができ、よりクリエイティブなことに時間を使えると思う」、更には「現職はＤＸへの取り組みがなく、非効率な部分が多いことも転職理由の一つとなった」といった自分自身の労働環境からもＤＸの重要性を指摘しています。

ＤＸを利用しなくても教職への使命感で当面はやり遂げられるかもしれません。ただし、ＤＸを通じ学校を魅力的な職場環境として、次のデジタルネイティブ世代に引き継ぐことは、現役の教職員がなし遂げるべき事項です。

3 デジタル基盤とデジタルトランスフォーメーション

ICT利活用に必要な三つの基盤

ここで一度確認しておきたいのは、このようなICT利活用に必要となる最低限の技術的な基盤です。それはGIGAスクール導入の際に繰り返し標榜されてきた「シンプルな端末」「セキュア（安全安心）なクラウド」「高速大容量のネットワーク」です。この組合せはデジタル社会のインフラとして不変です。いくら学校現場でICT利活用を進めようとしても、このセットが盤石なものでない限り、絶対に実現しません。導入時の経緯はI章で述べたとおりですが、GIGAスクール構想が進展した現状を踏まえ、それぞれを改めて確認していきます。

シンプルな端末

GIGAスクール構想では、様々なハードウェアや多くのソフトウェアなど過剰な機能を徹底的に削ぎ落としつつ、様々な学びで長期にわたり満足できるような端末を標準仕様として示し、普及を促しました。併せて標準仕様の端末でも十分その力を生かせるような教育の姿も示しました。その結果単価四万五〇〇〇円の端末が普及したことはⅠ章でも触れました。

今後とも教育現場、特に公教育における端末の継続的な利活用には、耐久性に優れて長期間一定程度の機能で稼働する端末が適しています。維持更新など長期的な必要経費が担保できるかどうかも重要です。

今後、端末の更新を迎えます。文部科学省は令和五（二〇二三）年度補正予算で、各都道府県に基金を造成し、それを使って各市区町村が共同調達を行う仕組みとしました。ここでは端末の補助単価を、管理やデジタル教科書導入への対応などに必要な分を加えて五万五〇〇〇円としています。補助には予備機分も含まれるなど、学校現場にはより調達しやすい仕組みとなりますが、かといって勧められるまま何でも盛り込まれた端末の安直な購入は、ＧＩＧＡスクール構想の本来の趣旨と相反するものであり、特にコストの観点から厳に避けてほしいと思います。様々な追加機能はそれが自らが目指す教育の上で本当に必要なものなのか、管理・利用経費が安定的に確保できるのか、更にはその次の更新を補助なしでも自力で乗り越えられるかなど、十分な吟味が必要です。詳しくはⅥ章でも述べます。

セキュアなクラウド

端末をシンプルなものとする代わりに必要となるのがクラウドです。

かつては、データ保存にオンプレミスと呼ばれる自前のサーバーが使われていましたが、最近では特殊な分野に限られます。今や社会のあらゆる分野で、自前のサーバー運用管理から、データの適切な管理やアクセスの容易性の利点があるクラウドへの移行が急速に進んでいます。政府の情報システムにおいても、クラウドサービスの利用を第一候補とする「クラウド・バイ・デフォルト原則」の下で整備活用が加速しています。

クラウドは、データへのアクセスや共有が容易になり、場所にとらわれない学びや教職員の働き方改革につながります。学校が物理的に被災しても場所を変えてすぐに復旧できる利点もあります。更には前節で紹介したように、協働的な学びに大きな力を発揮します。

ただし、クラウドサービスは提供する企業や価格帯などで様々な差があります。利便性だけでなく、Ⅳ章で触れる個人情報保護やセキュリティなども踏まえ、教育現場がクラウドサービスを適切に選定することが肝要です。

高速大容量のネットワーク

ネットワークは端末とクラウドをつなぐために不可欠な要素です。いかに違和感なく情報をやり取りできる環境にするかが成功の鍵と言えます。ＧＩＧＡスクール構想の際の政府からの補助では、将来の利活用本格化に備え、カテゴリ6Ａという高スペックの通信ケーブルを補助対象とすることで、当面十分なほど高速大容量を担保できる校内ネットワーク整備を進めました。

その後、校外とのネットワーク接続も進んでいます。教育に限らず我が国のICT利活用、DXは諸外国から遅れていますが、実は全国の基幹通信網はトップレベルと言われます。学術分野には主に高等教育で使われているSINETという専用の回線もあります。この学術回線の活用もGIGAスクール構想で打ち出し、活用の実証研究も進んでいます。これら基幹通信網と学校のネットワークのストレスない接続が期待されます。

しかし、多くの学校で、ケーブルの容量が十分であるにもかかわらず、通信が低速で動画視聴できない、ネット上のコンテンツの活用に耐えられないといった話が聞かれます。これはファイアウォールやルーター、ハブといった通信の途中にある機器がボトルネックとなっていることが原因です。これら全ての機器は、受信した通信データに対し、ウイルス検知や送信先の決定など何らかの処理演算を行っており、その処理能力がネックとなっているのです（クラウドからの物理的距離は関係ありません）。

今後通信量は増加する一方です。将来にわたり教育で支障なくICTを使っていくためには、本当に必要で十分なスペックの機器以外を排除して円滑な通信を確保するような見直しも求められます。このためには企業の協力のみならず第三者による技術的なアセスメントも求められます。

基盤整備：富山県高岡市の例

このような端末、高速大容量通信、クラウド活用というＩＣＴ基盤の整備をシンプルになし遂げ、現在学習でも校務でもストレスなく利活用している好例が、富山県高岡市です。

高岡市は人口一七万人弱、市立の学校は小学校二三校、中学校一一校、他に義務教育学校と特別支援学校が一校ずつあります。風光明媚な中規模地方都市で、財政的に特別恵まれた自治体でもありません。

市は令和二年六月、慶應義塾大学ＳＦＣ研究所との間で、「ＩＣＴを活用した新たな学び環境創造に関する研究開発の連携協力協定」を締結しました。この協定ではＧＩＧＡスクール構想を活用して、地域資源を生かした地域教育の活性化、同時双方向の遠隔授業など教育ＩＣＴ研究の推進、「論理コミュニケーション」といった新たな学びの設計、教育人材育成などを目指しています。その前提として市内全校でのＩＣＴ環境整備に取り組みました。

端末は、文部科学省の標準仕様書に完全に準拠した端末を導入することで、ＯＳやブラウザ、アンチウイルス対策など最新な状態のものを保っています。更に注目すべきは、通信ネットワークを文部科学省のガイドラインの考え方に沿いつつ、非常に低コストで高速大容量、かつ安全なものとした点です。具体的にはユーザーエクスペリエンス、セキュリティ、ネットワーク機器の見える化、ローカルでの運用管理／サポート、の四つ観点から環境設計・整備を行い、ゲートウェイセキュリティなど、徹底的な通信でのボトルネックを廃止することで、同時双方向の遠隔授業やクラウドの利用がストレスなく行える環境を実現しました（図Ⅲ-9）。慶應義塾大学側で中心となった梅嶋真樹特任准教授のこの環境整備の方向性は、安定してクラウドを使うにはネットワークの高速化が必須という大前提を徹底されたことに尽きると言えるでしょう。

何よりこれらの整備が、研究者という第三の目を入れながら教育委員会側が主体的に進めたことです。日本のインターネットを主導してきたＳＦＣ研究所、中でもネットワークのエキスパートである梅嶋准教授の指導の下、教育委員会や学校関係者、更には保護者や協力的な地元企業も一丸となって、子供たちのことを第一に考えてつくり上げた基盤となっています。

高岡市はこのモデルを全国でも活用してもらいたいと考えています。モデルは文部科学省の有識者会議でも紹介されて資料が公開されています。一般に公開できないようなセキュリティに関連する要件機能情報等も、教育委員会関係者であれば、問合せに応じてくれます。梅嶋准教授も、中央教育審議会特別委員やＩＣＴ活用教育アドバイザーとして、全国での適切な教育基盤整備に向け活躍されています。

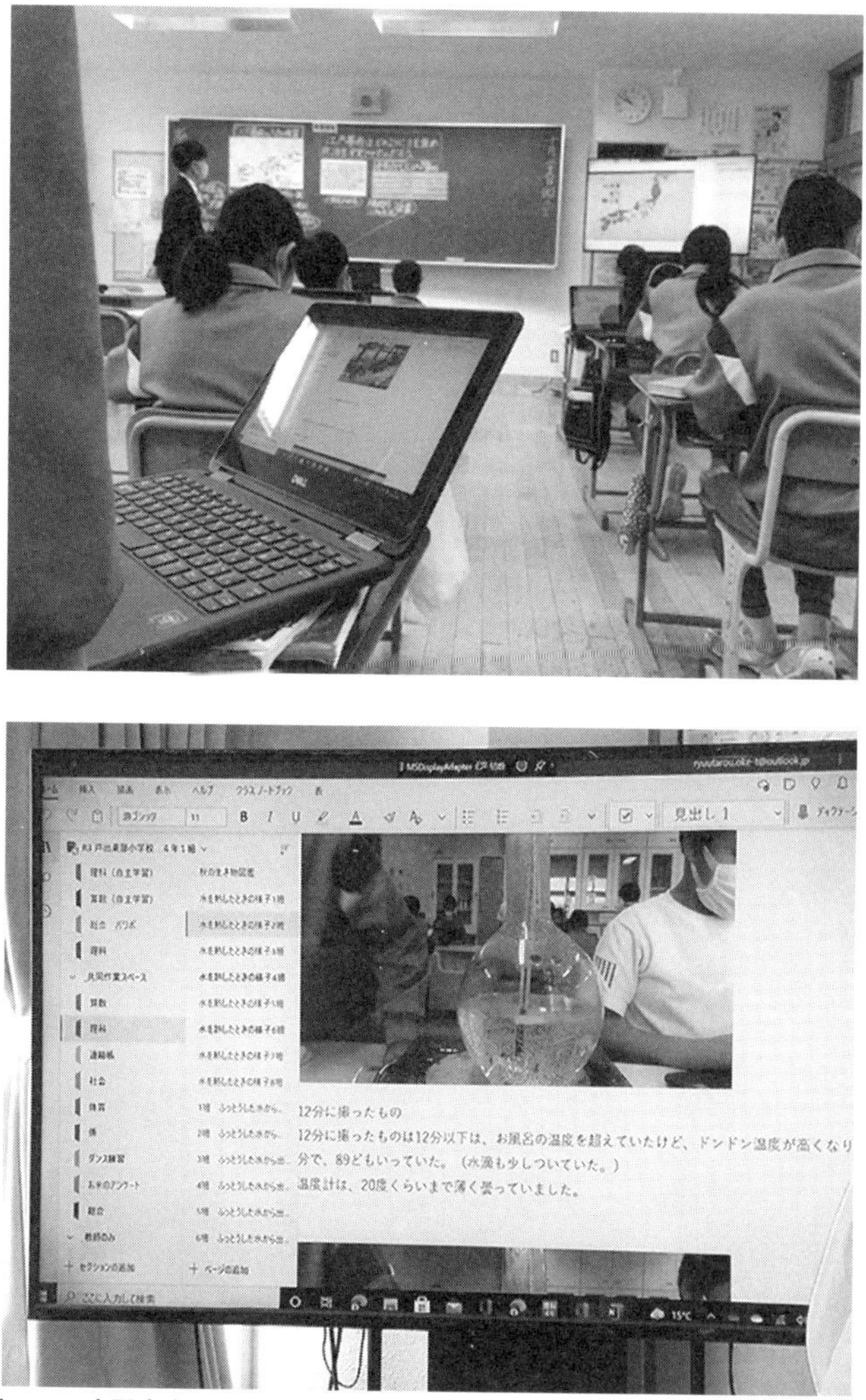

図Ⅲ-9　高岡市立戸部東部小学校での ICT 活用（上：歴史の授業で他の児童の発表内容を自分が作成したものと比較する様子／下：水の加熱実験について児童が発表しているディスプレイ画面）

デジタルトランスフォーメーション

これらＩＣＴ基盤を整備した上での様々な利活用で、従来の教育から新たな教育の実現へと変わっていくことになります。ただし、これは一足飛びに実現するものではありません。多くの場合、導入時には苦労や混乱が伴います。

教育に限らず、一般的なＩＣＴ導入では三段階のイメージが用いられます。まず第一段階は、アナログ情報を単にデジタルに変換することで、デジタイゼーションと呼ばれます。この段階では直接デジタル化したメリットはあまり見られません。逆にアナログの手順でデジタル情報を扱うことになり、このままでは煩雑さや混乱が生じることが多くなります。

第二段階はデジタライゼーションと呼ばれ、個別のプロセスをデジタル情報に合ったものに変革することを意味します。この段階でようやくデジタルの価値が生じ、利用者がその便利さを実感できることとなります。

更にその先、組織全体、社会全体のプロセスをデジタルに合わせて転換することをデジタルトランスフォーメーションと呼ぶことがあります。これら一連の過程をまとめてデジタルトランスフォーメーションと呼ぶこともあります。

教育もこの三段階のステップに当てはまり、政府は図Ⅲ－10に示すような整理をしています。

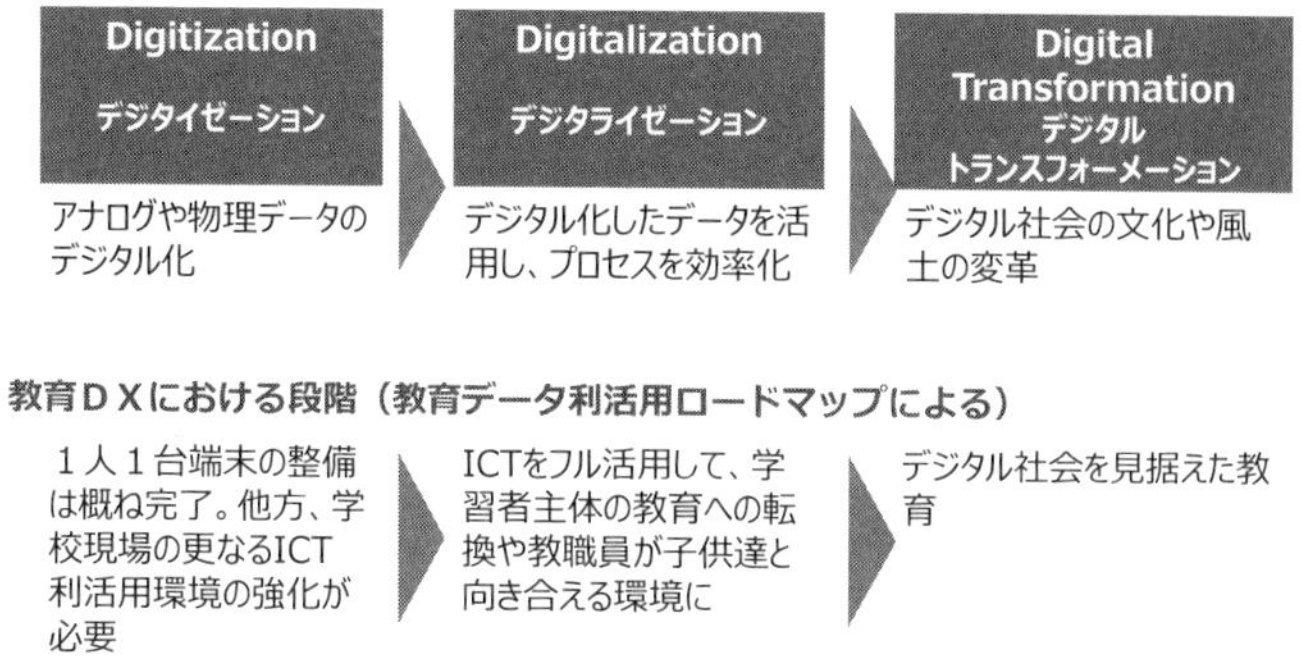
Digitization
デジタイゼーション
アナログや物理データのデジタル化
Digitalization
デジタライゼーション
デジタル化したデータを活用し、プロセスを効率化
Digital Transformation
デジタルトランスフォーメーション
デジタル社会の文化や風土の変革
教育ＤＸにおける段階（教育データ利活用ロードマップによる）
１人１台端末の整備は概ね完了。他方、学校現場の更なるICT利活用環境の強化が必要
ICTをフル活用して、学習者主体の教育への転換や教職員が子供達と向き合える環境に
デジタル社会を見据えた教育
図Ⅲ-10　教育のデジタルトランスフォーメーション

　ここでは、ＧＩＧＡスクール構想による一人一台が概ね完了したものの、学校現場の更なるＩＣＴ利活用環境の強化が必要な状況を第一段階のデジタイゼーションと定義しています。学校現場でＩＣＴを使うものの、煩雑なままで逆に多忙になっていれば、この段階にとどまっていることを意味します。ＩＣＴをフル活用して、学習者主体の教育への転換や、教職員が子供たちと向き合える環境が第二段階のデジタライゼーションです。ここに至ってようやくＩＣＴの便利さが実感できることとなります。教育現場の皆さんには、様々紹介されている使い方を実感して、学びの変化、働き方の変化をまずは体感してほしいところです。

教育のトランスフォーメーション

　この章で紹介した個別最適な学びや協働的な学びでの活用は、一人一台端末が実現した現在では各学校現場ですぐにでも取り組めるもので、すでに実践している学校も多くあります。ただし、これらはＧＩＧＡスクールによるデジタイゼーション、紙のデジタル化という第一段階、あるいはデジタライゼーション、個々の最適化に進んだ第二段階への入口にすぎません。

むしろ今、社会構造を変えつつある技術が、教育の在り方自体も変える第三段階、デジタルトランスフォーメーションへ大きく進む鍵となるにもかかわらず、いまだほとんど学校現場では意識されていないものがあります。

それは「データ」です。

この先、第三段階であるデジタルトランスフォーメーションには、データも駆使した様々な学びの可能性が広がっています。これは当然デジタル技術の進展だけではなく、学習者や教育者の受け止め、社会の理解、教育現場の対応等様々な要因を踏まえながらつくられていくことになるでしょう。次章ではこのデータ利活用について、詳細に見ていくことにします。

Ⅳ章

データ駆動型教育の光と影

1　データ駆動型社会の到来

社会で実現しているデータ利用

Ⅰ章では、Society 5.0でＡＩやビッグデータが社会を変えている旨を紹介しました。ここでは教育に触れる前に、もう少し詳しく、データが社会でどのように役立っているのか、具体例を分類・整理して見ていくこととします。

小売業での様々なセールスを例に挙げてみたいと思います。販売促進を目指す中で、「ポイントサービスを導入すれば売上が向上する」や「三月にセールを行えば売上が向上する」といった仮説を立てた上で、データを使って実施前後を比較することで、その仮説が正しかったかを検証できます。大量の売上のデータや顧客のポイント利用状況といった、店舗が得られるデータを分析することで、「仮説検証」を行っているのです。仮に仮説と異なる結果となれば、その結果を分析して新たな仮説を立てていくなど様々な検証も行われます。この利用法はすでに販売業中心に広く用いられています。

集まったデータを分析、可視化することで、それまで思いもよらなかった関係性を見いだし、売上向上などにつなげられることがあります。「知識発見」とも呼べるでしょう。小売業では、顧客の購買データから、一緒に購入する商品の組合せを見付け出し、抱き合わせ販売や近くに陳列することで顧客単価を上げることが行われています。かつて米国では、「スーパーで紙おむつを買う人は一緒に缶ビールを買う傾向がある」といった話が広がりました。これ自体は少々誇張もあったようですが、データ分析の効果を世間に強烈に印象付ける結果となり、その後、知識発見につながるような分析が世界中で広く行われるきっかけとなりました。

なぜそれが発生したのか、「原因究明」にもデータ分析が用いられます。顧客の解約が増えた場合、なぜ解約したのかの原因を、顧客のそれまでのデータや本人へのアンケートなどから分析して解約の原因を見いだせば、同様の傾向のある顧客に先手を打つことで解約を減らすことができます。このような分析はチャーン分析と呼ばれ、すでに通信業など様々な分野で行われています。

先を予測して先回りの対応に役立たせる「判断支援」もできます。ある店舗でアイスクリームが普段より売れるのは、気温も影響することもあれば、近くでイベントがあり、店の前の通行が増えることも影響するでしょう。このような過去のデータを使って、翌日の気温と近隣のイベント情報を基に仕入れを適切な量につなげるようなことも行われます。

更に、そもそもこれらデータ分析の前に、データ取得を通じて現状を可視化し、客観的に理解しやすいように捉えられるという効果も見逃せません。データは直接把握できるものばかりではありません。例えば、溶鉱炉の表面温度は直接測定できませんが、周辺の温度等から炉内の温度を推測することが行われます。アンケートや本人の振る舞いから、ある程度心理や気持ちも推測できる可能性があります。これらは潜在変数とも呼ばれます。

ここで様々紹介した小売業の例では、いずれも売上増につながっています。データを利活用することで様々な価値が創られていると言えます。

データ科学

このようなプロセスが可能になったのは、データ科学と呼ばれる研究分野の発展によるものです。コンピュータ、インターネットの利用増加によって、質的、量的に膨大なデータ、つまりビッグデータが創出される時代となりました。このビッグデータには、誰にも気付かれていない新たな知識や洞察が埋もれています。ただし、そのデータ自体がこれまで十分整理・構造化されていなかったことから、まともに活用できていませんでした。このため、まずは科学研究の分野で、ビッグデータから知識を見いだしたり、新たな価値を創造したりする手法について科学的なアプローチが始まりました。このような方法論がデータ科学と呼ばれるもので、データを基に研究を進めることからデータ駆動科学とも呼ばれます。統計学に情報工学をはじめ様々な分野が横断的に組み合わされ、今も進化し続けています。

一九九〇年代後半、アメリカのコンピュータ研究者であったジム・グレイ（Jim Gray）氏は、このデータ駆動科学を第四の科学として位置付けました。

人類史における科学的なアプローチは、まず数千年前、古代文明での天文学など、自然現象を解明する実験・経験科学から始まりました。天体観測から天動説が説明できるように、実際の現象から原因を見いだす帰納法です。これを第一の科学とします。

第二の科学は数百年前、ニュートンの力学やマクスウェルの電磁気学など、法則を方程式のモデルとしてアプローチする理論科学です。帰納法とは逆に、仮定と原理から結果が決定付けられる演繹法のアプローチです。

この方程式解では求められないような複雑な現象、例えば航空機の空気抵抗などをシミュレーションにより予測・再現するのが、計算科学という第三の科学です。歴史は新しく、数十年前、コンピュータの発達によって実現しました。これも流体計算という原理から導かれる演繹法です。

グレイ氏は、これに続く第四の科学として、膨大なデータから帰納的に導くデータ科学を位置付けたのです。地球温暖化の理解などが典型です。データ科学はビッグデータを処理するＡＩなしには実現できませんでした。

これら四種類の科学は図Ⅳ－１のように整理できます。

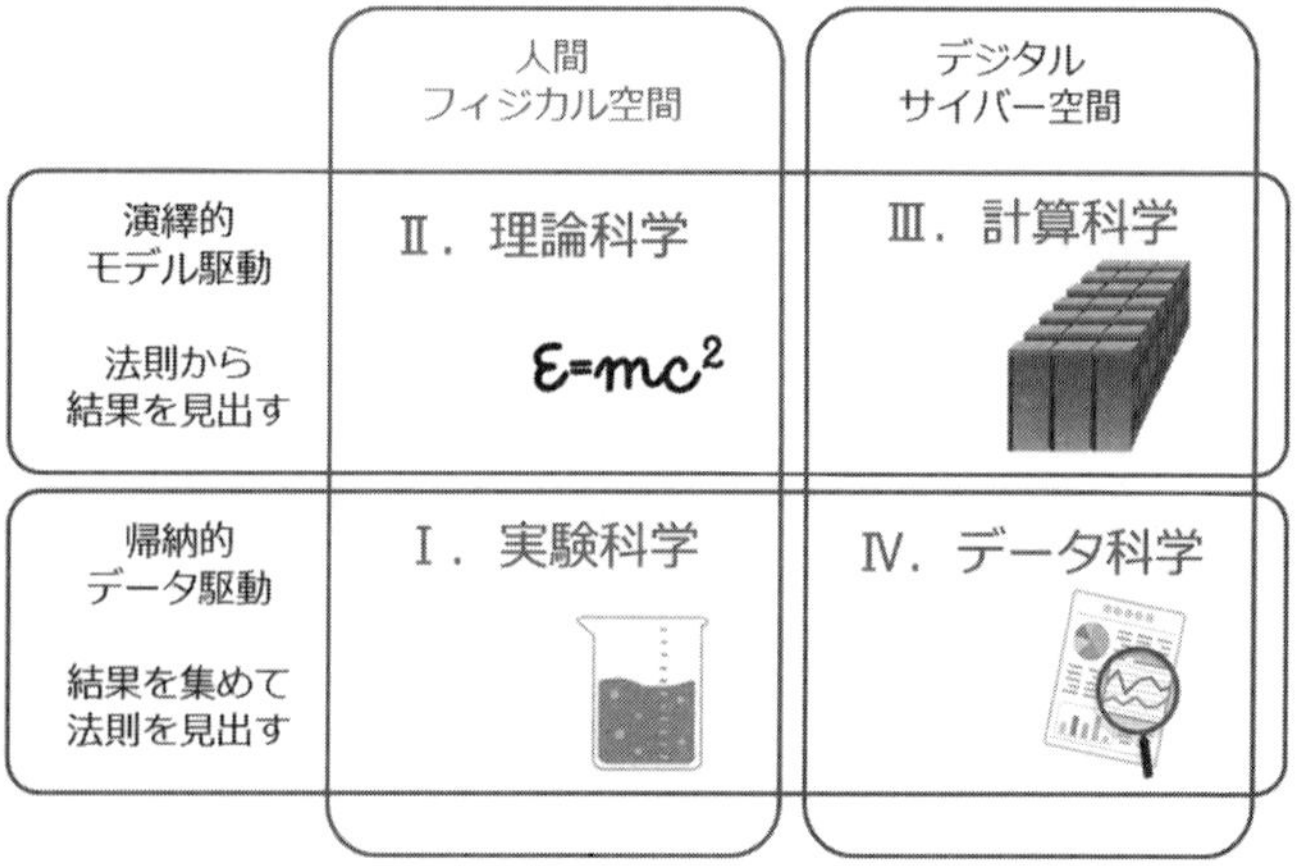

図Ⅳ-1　科学の四つのパラダイム

データ価値の発見

二〇〇〇年前後からは社会全体でデータ量の著しい増加が始まりました。そのきっかけとなったのはインターネットの普及です。そして、そのデータを用いて市場における競争力向上にいち早くつなげたのが、この頃相次いで起業したＧＡＦＡと呼ばれるGoogle、Amazon、Facebook（現 Meta）、Appleです。かつて石油産出国が潤っていたように、現在はデータを握る米国や中国が勃興しています。今やデータは「二一世紀の石油」とまで言われるようになりました。

組織運営においても、かつてのヒト、モノ、カネに、今はデータを加えて四大資源と言われています。

日本でも、二〇〇〇年代初頭から科学研究全般でデータ駆動科学が大きな話題となり、様々な研究分野でデータ駆動に注目が集まりました。二〇一五年頃からは、科学だけでなく社会全体がデータに基づいて動く「データ駆動型社会」のコンセプトが日本でも提唱され始めました。データがもつ価値に日本社会もようやく気付いたのです。これらの認識が平成二八（二〇一六）年の総合科学技術会議による第五期科学技術基本計画のSociety 5.0につながっていきました。

2　教育のデータ駆動

教育でのデータ利用への動き

ＧＩＧＡスクール構想では、このデータ駆動によるメリットを、教育でも享受することを目指しています。

教育でのデータ利活用が政府で広く取り上げられるようになったきっかけは、令和二（二〇二〇）年一一月、教育再生実行会議の下に設けられたデジタル化タスクフォースでの国立情報学研究所の喜連川優所長の発言です。同じように人をよい方向へ導くという共通点のある医療と教育を比較し、医療はデータ駆動がベースである一方、これまで教育はデータ駆動化されていないとして、デジタル駆動の必要性を訴えました。

これまでの教育政策や教育実践は、一部の有識者の経験やエピソードに基づいて進められる傾向が大きいと言われてきました。それを様々なデータから得られる根拠に基づいたものにするというものです。データ駆動は根拠、エビデンスに基づくという意味で「エビデンス駆動」と呼ばれることもあります。

教育再生実行会議が令和三（二〇二一）年六月に取りまとめた第一二次提言「ポストコロナ期における新たな学びの在り方について」では、ニューノーマルにおける新たな学びに向け、「データ駆動型教育への転換」が提唱されました。

日本学術会議は令和二（二〇二〇）年九月「教育のデジタル化を踏まえた学習データの利活用に関する提言～エビデンスに基づく教育に向けて～」で、このデータサイエンスに基づく教育の必要性とその進め方について提言しています。

教育のデータ駆動の姿

データ駆動型教育で実現する教育の姿とはどのようなものでしょうか。デジタル庁が文部科学省など関係省庁と取りまとめて令和四（二〇二二）年一月に公表した「教育データ利活用ロードマップ」ではデータ駆動の可能性のある事例についても例示されています。これらは、すでに教育現場で実践されつつあるものもあれば、ビッグデータやＡＩの本格的な活用と詳細な研究が必要なものまで多様です。実際にはこれらの実現も段階を踏んでいくものなのですが、まずはデータ駆動のイメージをつかむため、このロードマップなどを参考に段階を考えずに見ていきたいと思います。

〈教職員〉

▒授業改善

まずは教職員の授業改善に役立ちます。

現在、多くの学校では、教職員や研究者が授業の在り方を研究する研究授業が行われています。地域や規模によって差異はあるようですが、多くはまず学習指導上「ＡをすればＢ」という研究仮説を設定し、それを各授業に落とし込んだ授業仮説を設けます。そして、その授業仮説を検証するような授業指導案が作成されます。

当日の授業では、この授業指導案に沿った授業がなされ、参加した教職員や研究者が授業の様子を熱心に見て記録を取ります。そして授業後には、参加者による討議により様々な角度から評価検討が行われ、授業仮説の検証と指導の改善ポイントが導かれるというプロセスが行われます。これが教師の授業改善のサイクル（ＰＤＣＡサイクル）となっています。この過程では、授業を行った教師をはじめ、討議や検討に参加した教師や研究者など、様々な関係者のノウハウが詰め込まれていきます。

この過程が様々な角度で数値化、データ化されていけばどうでしょう。授業の組み立て、時間配分、子供たちへの声かけ、子供たちのグループ学習時間や人数など、授業の特徴をデータで可視化した上で、その傾向が分析されると、より客観的な把握が可能となり、授業計画等指導法の改善に向け大きな価値があります。研究仮説の検証につながるだけでなく、思いもよらなかった知識発見などにもつながる可能性があります。

すでにものづくり分野を中心に、匠の技術のデータ化、デジタル化が進んでいます。力の入れ具合、見た目の判断具合など、師弟関係の中で師匠の姿を見ながら会得してきたものが、客観的に数値化されることで、広く周知できたり、いったん技術継承が途絶えても再興がやりやすくなったりします。

同様に、ベテラン教師の教え方がデータにより客観的に理解できることで、若手教師の指導力向上や全国的な展開も期待されます。

指導の個別化の深化

児童生徒一人一人への、よりきめ細かな指導を可能にします。前章で紹介したように、すでに指導の個別化は進んでいますが、データ駆動で更にそれが深化してきます。子供たちそれぞれの学習理解度に始まり、問題解答に至る思考過程、更に本人の課題への興味・関心度合いといった、非認知能力まで含めた学びの三要素に関連する情報を直接、間接に可視化できる可能性があります。そうなれば、それぞれの児童生徒の学習状況を把握し、きめ細かな指導、個別最適な学びにつながられます。更に、日々の所見、保健室利用状況や家庭環境などのデータから、早期に個人に必要なケアを発見し、対処する可能性もあります。

児童生徒間のやり取りから、学級の人間関係も見えてくるようになれば、孤立する児童生徒やいじめの兆候を早期発見することができ、学級運営、適切なクラス編成にも大きく役立つこととなります。

〈学習者・保護者〉

一人一人の学習の個性化の深化

何より学習者、児童生徒自身にとって大きな効果があります。解答を分析することで、どの単元でつまずいているのか、何が身に付いていないかを発見し、どの単元を復習すればよいかの判断を支援する教材はすでに実用化されています。学習者自身にとっても、学びの過程や単元別の理解度が可視化されることで、自分の弱点や特徴を理解し、より主体的な学びへのきっかけにもなります。

更に、端末へのアクセスログから得られるような、学習者が解答に要した時間やアクセスした日時などの情報からは、学習者の日々の勉強スタイルを分析して、個人の特性に合った学び方なども助言してくれる可能性もあります。

学習者自身も気付いていなかった得意分野や関心分野を見いだせるかもしれません。

将来的には学習面だけでなく、自らの生活スタイルの見直しに活用できるかもしれません。学校に行く気になれない、学校がつらい、友達とうまくいかないなどの何となくモヤモヤした気持ちへの気付きなどもあるかもしれません。

▩保護者の理解促進

学習者の様々な情報が客観的に可視化されることは、子供に対する保護者の理解も深まることになります。学習理解度の他、児童生徒がもつ能力、興味・関心、心理状況などが客観的に捉えられる可能性もあります。

そもそも学校のＩＣＴ化により、学校と保護者との距離が大きく近付くことになります。すでに多くの教育現場で導入が進んでいますが、従来の連絡帳、プリント、電話、授業参観や面談という、学校と保護者の双方にとって時間や手間のかかる手段から、学校ホームページ、メール、ＳＮＳ、更にはクラウドなど様々なツールの活用で、両者のより緊密な連携が、極めて容易に実現できます。学校と家庭、それぞれにおける子供の様々な情報を滞りなく共有できることで、学校と家庭が一体となって子供に対するきめ細かい支援を行うことが容易になります。

〈自治体・教育委員会〉

▒学校改善

自治体・教育委員会でも、様々なことがデータにより実現できる可能性があります。まずは学校ごとの情報から各校個別の様々な課題を遅滞なく発見し、問題が発生、拡大する前に対処することも可能になります。

例えば各学校での子供たちのアクセス状況からは、ＩＣＴを活用した教育をどれだけ実践しているかが見えてきます。そのアクセスをコンテンツごとに把握できれば、文書作成など創造的な学習に使われているのか、あるいは教科書などの指導教育が充実しているのか、などの姿をある程度つかむこともできます。他の情報などとも突き合わせれば、優良事例の発見と他校への共有や、個別の学校に対し追加教員や支援員の派遣等につなげられます。

教職員の働き方改革にも役立ちます。すでに多くの企業でクラウドデータによるタレントマネジメント、人事管理システムが普及しています。タレントマネジメントとは、従業員がもつ能力や経験値を最大限引き出すための人材配置や人材育成のことです。学校でも各教職員のもつ能力や経験、また本人の希望などの様々な情報を基に、配属や研修の実施を行っていくことで、全ての教職員にとってやりがいのある職場環境が実現することになります。

▒自治体内データ連携によるプッシュ型支援

更に自治体では、子供たちの学校での情報だけでなく、福祉部門がもつ家庭環境に関する情報とも連携することで、本当に支援が必要な子供たちに自治体から手を差し伸べることができる可能性もあります。

児童虐待については、文部科学省より「学校・教育委員会等向け虐待対応の手引き」が示されています。その中では、学校や教職員は虐待の早期発見・早期対応に努めるとともに、市区町村の虐待対応の担当課や児童相談所等への通告や情報提供を速やかに行うことを求められています。このマニュアルでの対応が、子供たちの日々のデータと児童相談所のデータとの連携などから早期に発見、対応できれば、虐待防止に大きな効果があります。

また、ヤングケアラーと呼ばれる子供たちがいます。本来大人が担うべき家事や家族の世話を日常的に行わざるを得ない状況の子供たちのことです。心身の健康面への影響や進路選択などに影響がある可能性があるのですが、周りからは「家族思いの優しい子」と見られて、その厳しさに気付けない可能性もあります。

これらでは、先方からの要請を待つことなく、自治体側から支援を申し出ることができます。このような支援の形態は、要請に基づき支援を行うプル型支援と対比して、プッシュ型支援と呼ばれます。

〈国〉

▒ＥＢＰＭ

データは国の政策立案にも役立てられます。

政府ではすでにあらゆる施策について、エビデンス（証拠）に基づく政策立案（ＥＢＰＭ：Evidence Based Policy Making）が二〇一六（平成二八）年頃から本格的に導入されています。統計データや各種指標など客観的な根拠や証拠に基づいて、政策の策定や実施を効果的・効率的に行っていくというものです。

一つの課題に対し、施策Ａに予算を投じるのと施策Ｂに予算を投じるのと、どちらがより課題解決に効果があるのか明確に数値で表すことができれば、その結果を基に、予算をより効果的に執行する判断をすることができます。

また、行政の形は予算措置、いわゆる給付行政のほかにも規制行政と呼ばれる法的にルールを定めるやり方もあります。このルールもエビデンスに基づいての判断がより有効となると言えます。

▒全国学力・学習状況調査と学習指導要領

国レベルの政策判断に必要な情報収集としては、平成一九（二〇〇七）年より、小学六年生と中学三年生を対象に行われている全国学力・学習状況調査が分かりやすい例として挙げられます。この調査は、全国的な児童生徒の学力や学習状況を調査・分析して、教育施策の成果と課題を検証し、改善を図ることが目的とされています。実際、調査結果を踏まえて中央教育審議会で議論がされ、学習指導要領改訂につながっています。調査結果の活用例も国立教育政策研究所ホームページ等で紹介されていますし、自治体の教育委員会で活用されているところもあります。

ただし、全国一斉の紙での調査による現場の負担のほか、調査項目や調査方式、調査頻度による正確な実態把握への限界もあります。本来の目的ではない過剰な競争誘発の問題点も指摘されています。

これが、日々の理解度確認テストなど、日々の学習情報を通じてより詳細に把握できるようになれば、それらの分析により、学習指導要領に対しても様々な因果関係等の発見、改善への提案が見いだされることになります。更に、国全体の方向性に加え地域や学校の特性、学習者の特性といったよりきめ細かいレベルで、より短期的、直接的な指導の改善につなげられる可能性も広がります。また、全国一斉調査の負担も減少し、結果に一喜一憂することもなくなります。

様々な全国調査の効率化

ＥＢＰＭに必要な情報収集は学習状況だけでなく、学校環境など他にも多くの事項で行われています。例えばＧＩＧＡスクール構想では、学習用端末の台数や校内ネットワークの整備状況等を参考に施策が措置されました。このような調査は、文部科学省が必要な情報について毎年一回文部科学省から都道府県各教育委員会に問合せをし、更に都道府県教育委員会が各市区町村教育委員会に問い合わせ、ときには各学校に確認を取りながら調査票に記入して返送するというプロセスで行っています。

実際、学校関係者はこれに多くの業務が費やされ、時間もかかっていました。これをデジタル技術に基づく自動システムを構築することで、国や自治体にとって必要な情報を、桁違いの精度で手間も欠けずリアルタイムで集めることができます。学校関係者の手間も大きく削減されることになります。文部科学省はすでにEduSurveyというウェブ調査システムを構築し、このようなオンライン調査の実用化を進めています。

3 教育データ駆動の仕組み

データ駆動のステップ

データ駆動型教育の実現には、学校現場の教職員からシステム設計者に至るまで、理解と準備が必要となってきます。ここでは、データ駆動の詳細なステップに沿って具体的に見ていきます。

図Ⅳ-2はビッグデータによるデータ駆動型教育でのデータの流れを簡略化したものです。ビッ

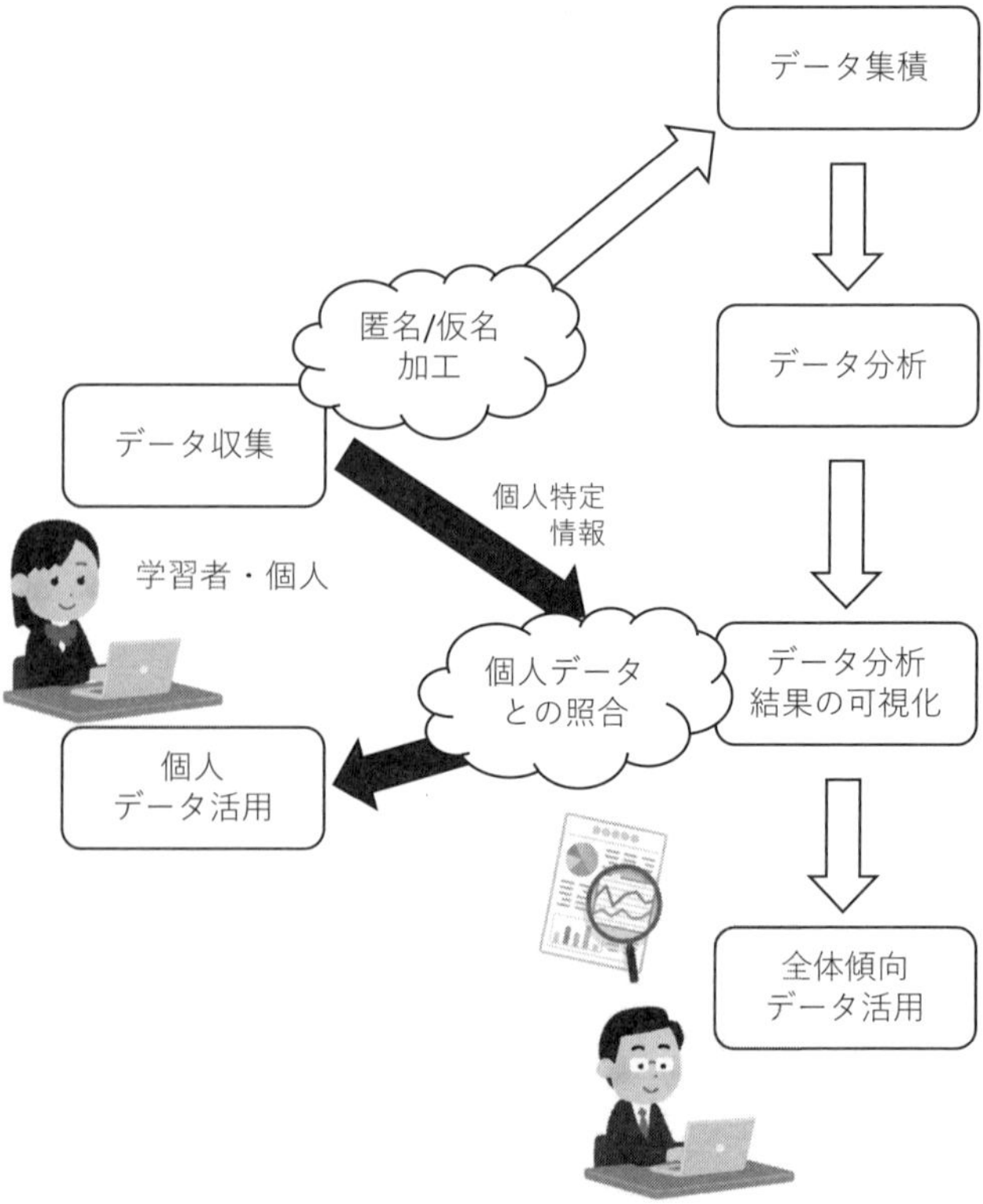

図Ⅳ-2　データ駆動型教育での教育ビッグデータの主な流れ

グデータ分析などのデータはこのように「データ収集」→「データ集積」→「データ分析」→「分析結果の可視化」→「活用」で進んでいくのが普通です。

「データ収集」とは、何らかの判断の基となるデータを収集することです。

「データ集積」はデータ分析を行うため、様々なデータを集めることです。データを囲い込んでいたままでは価値は創造されませんが、全てのデータを一か所に集めて保存・管理する必要もありません。むしろ効率が非常に悪くなって現実的ではありません。それぞれのデータは各システムのクラウドなどで保存し、必要なときにアクセス可能とするのが実用的です。このためにはデータ流通の確保も鍵となります。

「データ分析」は、まとめたデータをデータ科学の手法で意味あるものに分析する過程です。

「データ分析結果の可視化」とは、分析から導き出される結果を利用者に分かりやすいように示すものです。国の施策のような集団の方向性となる場合もあれば、個人のデータと照合して個人の趣向や特徴などを予測する場合もあります。

「データ活用」とは、最終的にその結果を使って利用者が何らかの判断をし、アクションを起こすことです。

この実現に必要なものを見ていきます。

データ収集

教育再生実行会議第一二次提言では、学習に関するデータ（学習履歴：スタディ・ログ）、生活・健康に関するデータ（ライフ・ログ）、教師の指導・支援等に関するデータ（アシスト・ログ）の適切な収集・活用が極めて重要とされています。日本学術会議の提言では、それまでの実証研究を基に表Ⅳ－1のとおり、授業・学習系と校務系データ合わせて一二種類を挙げています。

校務系情報の中には、すでに書類の形で各学校で作成されて保管されているものも多くあります。このままでは、情報を探そうにも埃をかぶって山積みされた書類をいくつも調べる必要があります し、中にはどこにあるか分からなくなった情報もありそうです。結局、それらの情報は取り出せず死蔵されてしまいます。このような情報がデジタル化されてクラウド上で保管されると、必要なときすぐにどこからでもアクセスが可能となります。

この校務データのデジタル化とともに、あるいはそれ以上に教育ＤＸで大きなインパクトをもたらすのは、ＧＩＧＡスクールでの一人一台端末の活用による学習データのデジタル化です。一人一台ということは、端末を通じて子供たち一人一人のデータが直接蓄積されていくことにつながります。

端末活用が児童生徒の学びにおいて普段使いされると、これまでノートに手書きで行っていたよ

表Ⅳ-1　学術会議が例示した学習データの種類

区分	番号	データの種類	説明
授業・学習系データ	1	学習支援システム学習履歴	デジタル教材閲覧履歴、LMS等の利用履歴、デジタルノートの内容
	2	デジタルドリル学習履歴	デジタルドリルの回答や正答率等
	3	学習者アンケート結果	学習者に対するアンケート結果
校務系データ	4	学籍情報	学習者の学年等の基本情報
	5	出欠席情報	学習者の日々の出欠情報
	6	指導計画情報	授業ごとの指導計画やシラバス
	7	テスト結果	小テストや定期テスト等の結果
	8	成績評定情報	通知表や単位取得等の評定結果
	9	教員アンケート結果	教員に対するアンケート結果
	10	健康観察記録	学級担任等が朝に行う児童生徒の健康状態を確認した記録
	11	日常所見情報	児童生徒の日々の様子や気づいた点などを記録した結果
	12	保健室利用記録	児童生徒の保健室に来室した記録

出典：日本学術会議「教育のデジタル化を踏まえた学習データの利活用に関する提言」令和2年9月30日

うな思考途中のメモも含めた様々な情報を、端末を通じてクラウドに集めることも可能になります。それらはいくらでも保存しておくことができます。

更には、デジタル教科書や教材の閲覧履歴・閲覧状況、コンテンツへのアクセスの履歴、アクセスログなど様々な情報を端末から自動的に取得できることにもつながります。

これは一人一台活用が実現するＧＩＧＡスクール前後で、端末活用の意味合いが大きく変わることを意味します。

ＧＩＧＡスクールでは、教育の改善につながる子供たちの膨大な学びのデータの創造、蓄積がすでに始まっています。そして、そのほとんどは現在教育界で活用されていないばかりか、気付かれないままでいます。

ＩＤとパスワード

一人一台端末を通じて子供たちのデータが得られるようになっても、そのデータが誰のものかが分からないと、その価値は生じず、活用はできません。そのために不可欠なのが個人ＩＤ、アカウントの付与です。文部科学省も個人ＩＤの付与を強く訴えています。それは端末から得られるデータも含めた様々なデータが誰のものか、学校や学習者自身が管理するために必要なものです。

データの重要さはお金の大切さに例えることができます。端末活用によるデータ創出は個人の所得に例えることもできます。所得を銀行などに預金するには必ず自分名義の口座が必要です。そして、大切なお金が他人に勝手に使われないよう、口座に暗証番号が必要です。データも同じです。IDとパスワードへの理解がなく、整備しないままでは、データが利活用されないばかりか、逆にデータの保護に支障をきたす危険性が高まります。

IDとクラウド活用の組合せは、端末が変わっても継続して利用できるという利点もあります。端末の破損や更新にも問題なく対応できます。家庭に同様の端末環境が揃っていれば、必ずしも学校の端末を持ち帰らなくても、同じIDとパスワードでアクセスすれば継続的な学びが担保できます。学校のICT環境によりますが、転校しても前の学校での学びを引き継ぐことができます。学校側も学びの履歴から迅速な対応が可能となります。将来的には希望する個人に対し、進学や就職、生涯学習でも学びの履歴が参照できる社会の実現も可能かもしれません。

データ標準化

ここまで触れてきたデータは、項目、粒度、関係性等、利用するソフトウェア等のシステムに依存し、そのままではバラバラで分析に使えません。

手書きの書類ならば、目を通してその違いを踏まえた判断を人が下せることもあるでしょう。しかしデジタルは0と1の数字の羅列のデータでしかなく、微妙な違いに対し独自に裁量を振るうことはできません。

そもそもデータを分析可能にする以前に、子供たちの転校、進学や教職員の異動でデータが連携できないだけでも、デジタルの利便さは低下します。地域やシステム企業に依存することがないよう、異なるシステム間での相互運用性の確保が求められます。

このために必要となるのがデータの標準化です。イメージを模式的に図Ⅳ－3で表してみました。あまりにも従来バラバラで、どこに何があるのかさえ分からなかったものを、必要な人が必要なときに手に取れるように整理しようというものです。データをお金に例えれば、標準化は通貨単位の統一に例えられるでしょうか。

本来、標準化の進め方は三種類に類型化されます。特定企業の製品が広く普及することで事実上決まっていく「デファクト標準」、関心がある企業群が合意で設ける「フォーラム標準」、公的機関が決める「デジュール標準」です。

GIGAスクールで急激にICTが進展したことで、教育分野ではデータが大量に創出されている一方で標準化は途上です。これは、教育ICT市場を占有するほどの大規模な企業や、標準を明確に打ち出せるほどの有力な企業群がなかったという産業構造的な側面もあります。基本はルールで決め打ちだけなのですが、各企業にとっては自社製品へ有利なものとできるかの正念場ともなります。

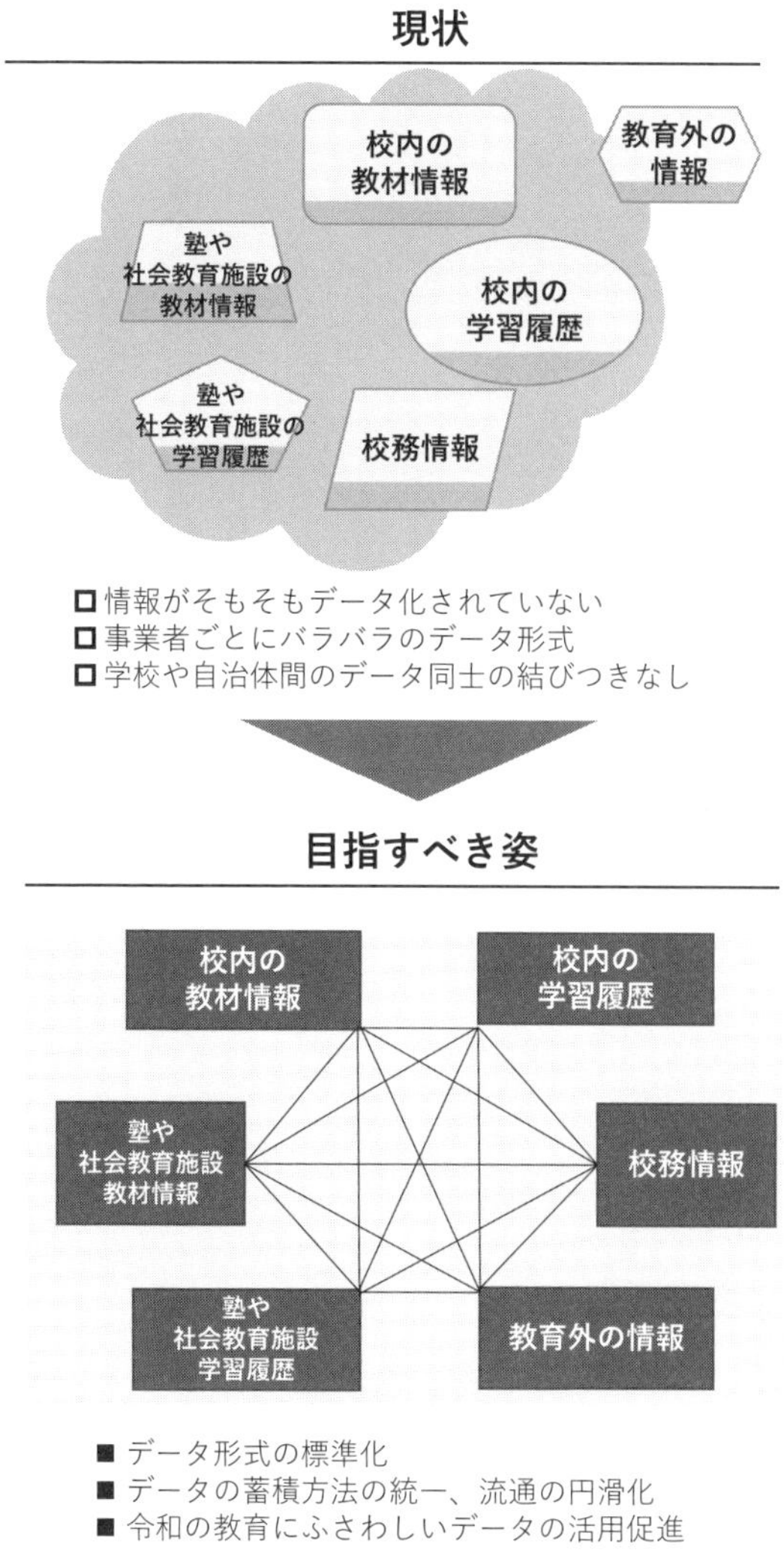

図Ⅳ-3　教育データの現状と目指すべき姿

一方で、標準化が進まないことは、各企業とも自社の製品の大規模な展開を躊躇することとなり、結果としてデータ利活用が停滞します。教育データ利活用が停滞している原因の一つが、この標準化が進まないことにもあると考えられます。

データ流通に必要な要素

収集されるデータは、分析や利活用のために必要となった際にアクセスできる環境、データの適切な流通を確保する必要があります。それを担保するのが、端末とセットで何度も触れてきた高速大容量ネットワークとクラウドであり、更に情報プラットフォームと呼ばれる情報基盤です。

データ流通については、二〇一九年一月、スイスのダボスで開催された世界経済フォーラム年次総会（通称ダボス会議）で、当時の安倍総理が世界に先駆け「信頼ある自由なデータ流通（ＤＦＦＴ：Data Free Flow with Trust)」というコンセプトを打ち出しました。これは、Society 5.0 実現のためには、その基礎となるデータの自由な流通が可能となること、更にそれが公正かつ安全で信頼性の高い状態で流通する必要があることを明確に打ち出したもので、世界的にも大変重要な概念です。

デジタル庁では令和四（二〇二二）年一月、教育データ利活用ロードマップを公表し、データ利活用の今後の方向性を示しました。このロードマップでは、教育データ利活用に向けた姿を示しつつ、教育でのＤＦＦＴ担保に向け、アーキテクチャと呼ばれるＩＣＴシステム全体の階層構造や、プラットフォームの整理など、基本的な考え方と実現に至る工程を示しました。

高速大容量ネットワークとクラウドの重要性については繰り返し触れてきましたが、データ流通の観点からも必須です。大量データの円滑な流通に資する大容量高速通信と、学習と校務双方で必要なときに適切にアクセスできるクラウドの確保は、これからの教育現場で必須のものとして捉えてほしいと思います。

情報プラットフォームとは、データを円滑に利活用するため、データの収集や流通など一連の流れを支援する基盤としての役割をもつものです。この情報プラットフォーム上で稼働するシステムの仕様を決めることで、データの標準化をはじめ、様々な業務的、技術的ルールを共通化し、相互運用性を担保することにつながります。

教育分野では、教育に特化したプラットフォーム基盤の実証も進んでいる一方で、ビジネスモデルとしての成立が不安な取組の拙速な導入も見られます。教育現場では、当面ＯＳだけでも十分でしょう。詳しくは後述します。

4　データ利活用に潜むリスク

個人に関するデータの扱い

データ駆動は利点ばかりではありません。様々なリスクが潜んでいます。理解不十分で間違った扱いをすれば、リスクを増大させ、ときに深刻な事態を招くこととなります。特に個人に関するデータの誤った扱いは人権侵害に至るおそれがあります。

一方で、個人情報となると、メリットとデメリットの正確な理解に基づく議論以前に、どうしても感覚的、感情的な意見が先行しがちです。「自分の情報がまる見えになって何だか気持ち悪い」とか、「情報の一元化管理は全体統制ではないか」など、個人のＳＮＳの書き込みだけでなく、報道機関による報道でも誤解を招く表現が散見されます。

リスクへの正確な理解がないまま懸念だけが先行すると、保護する側はリスクを少しでも避けようと闇雲に物理的な規制措置に走ることが、これまでも多々見受けられてきました。そうなると逆に、データ利活用で本来得られるはずだった恩恵が受けられなくなります。データ利活用からのメリットが得られず、整備の投資が無駄となるばかりか、データ利活用に対する理解も得られなくなります。このような事態は、恩恵を受ける権利の侵害の可能性があるという点にも注意が必要です。

個人データ利活用を推進する側も、何が問題か、何に対処すればよいのか、十分な理解や対策のないまま、ときに不適切な扱いを行う事件も発生しています。そうなればデータ利活用に対する社会からの理解はますます遠のきます。

個人情報保護法第一条では、個人情報保護は「個人情報の有用性に配慮しつつ、個人の権利利益を保護すること」とされています。個人情報をもつ企業や学校現場が、個人に関する情報を適正に取り扱うルールというのが分かりやすいかもしれません。

個人データ利活用の具体例

コロナ禍では、渋谷スクランブル交差点をはじめ、全国の繁華街の混雑状況が一週間前との比較などの形で数値化され、多く報道されました。このデータは個人を特定しない形で携帯電話の電波の発信数からその地点の人の密集度合いを算出しているもので、三密を避ける感染予防に大きく役立ちました。

また、ウェブサイトを閲覧していると、自分の関心に合った広告が多く表示されます。これは閲覧者が登録した性別、年齢、居住地、更にネットショップの購買履歴やサイト閲覧履歴、検索履歴等から、その閲覧者が関心をもつと思われることを推定して、集中的に広告を選択して表示するものです。これまでのテレビＣＭや新聞広告のような不特定多数への広告より効果的に宣伝できることになります。

この二つの例から、先ほどの「データ収集」→「データ集積」→「データ分析」→「データ分析結果の可視化」→「データ活用」のどこで個人データが使われているかを見ていきます。

まずデータ収集の際には、適切なＩＤ活用の下では各データは個人の情報と紐付けられています。コロナ禍の人出であれば個人の携帯電話の位置情報が、ネット広告では個人の閲覧情報が基になっています。これが集積、分析へと使われていくのですが、分析に「個人」の特定情報は必要ありません。生の情報は携帯電話番号の電波が渋谷スクランブル交差点で検知された日時ですので、その携帯電話を持った人がその日時に渋谷にいたという個人情報になり、プライバシーにも関わってきます。しかし、密集度の分析には、その日時にどのくらい電波が発信されていたかという事実だけでよく、個人情報は全く必要ありません。このため最初の段階で番号情報が全て削ぎ落とされます。密集度合いである最終的な分析結果にも個人情報は必要ありません。結果を各個人が自分で判断して活用することになります。

一方のネット広告ですが、こちらも集積から分析に「個人」の特定は必要ありません。個人が何を買ったかもプライバシーにつながります。ただし分析には、年齢や性別、居住環境などどのような属性をもった個人か、その個人がサイト閲覧や購買など、どのような行動を取っているのかといった情報が使われます。この属性や行動に関する情報が詳細であるほど、より詳しい分析につながります。

ただし属性であっても情報をあまり詳細にすると、実質個人が特定できてしまうことにも注意が必要です。個人名を削除して「A村在住の三〇代男性」という属性の情報に加工しても、その村の人数が少なければ、年齢から実質的に個人が特定できてしまいます。

「分析結果の可視化」の段階ではどうでしょうか。個人に対する広告のような、個別に結果が示されるものでは、その個人がどのような属性をもち、行動しているかの情報と連携させる必要があります。このプロセスで個人を特定するデータが用いられることとなります。

図Ⅳ－2では、個人が特定できるデータの流れを黒矢印で、ある程度の属性や特性の情報のみでよく、個人の特定が必要でないデータの流れを白矢印で示しています。

これまでの例で見てきたように、個人が特定できる情報はプライバシー、小学館の『大辞泉』によれば「個人や家庭内の私事・私生活。個人の秘密。また、それが他人から干渉・侵害を受けない権利」と極めて強い関係をもつことになります。

慶應義塾大学大学院法務研究科の山本龍彦教授は、ビッグデータがもつリスクについて憲法、人権との関連から研究を重ねています。次からは山本教授の分析も参考にしながら、教育データの扱いで問題となりそうな点を指摘していきます。

未来永劫消し去ることのできない情報

先に見たとおり、デジタルデータは人の記憶以上に物事を記録保管できる特徴があります。それは極めて大きなメリットである一方、デメリットとなる可能性を孕んでいます。自分のデータが知らないところで個人を特定できる形でアクセスできる危険性が、個人の私生活や個人の秘密の侵害に当たる可能性があります。

これまでの社会では、いわゆる「若気の至り」のような人間の脳の記憶は、年を経るとともに思い出として昇華されていくものでした。しかし、デジタルデータは永久的に保存可能なばかりか、一度拡散してしまうと完全に削除することさえ不可能です。更に、このような情報が進学や就職、結婚など人生の転機、更には普段の私生活まで個人の一生に影響し続ける可能性があります。実際に、ネット上に面白半分でアップロードした不適切な画像や、相手から悪意をもって拡散されたような情報は「デジタルタトゥー」とも呼ばれ、サイバー空間から消去できず、いつまでもアクセスできてしまうことが社会問題化しています。

自分の情報が不特定多数にアクセスされる危険性を感じてしまうと、それを懸念して常に委縮した生活を送らざるを得ない可能性があります。これは、その人の自由が保障された生活、人生に影響を及ぼすことになります。

情報隔離による自己決定権の喪失

自分自身が判断し決定するという、当たり前の権利が侵害されるおそれもあります。データ駆動による個人に対する分析結果は、過去の似た属性の人のデータから類推される結果に過ぎないということを改めて意識しておくことが必要です。例えば進路指導で「あなたには工業科への進学が適している」のような結果が、自分の意志とは全く関係なく他人のデータを基に「お勧め」として提示されることになります。

重要な決定に限らず、日々接する情報においても同じ問題が発生します。データ分析によって、お勧め情報が優先的に表示されたり、逆に特定の情報が見たくないだろうと判断され遮断されたりすることも起こり得ます。この結果、自分が気付かない間に様々な価値基準に接することが妨げられ、日々の思考が加速度的に偏っていくこととなります。この現象は、一般的に自分の価値観や考えの泡（バブル）の中に閉じ込められるイメージから、「フィルターバブル」と呼ばれます。繰り返しますが、分析はあくまで統計学的な推測でしかありません。後ほど詳しく述べますが、ＡＩも同じです。

分析結果は一つの参考としては極めて有益であるものの、あらゆることを「分析結果だからそれが自分にとって最適なのかも」と受け身で判断していけば、いつの間にかデータ分析、ＡＩに支配される他律的な人生となってしまいます。

勝手な個人の類型化による選択の束縛

自分の知らないところで、推測に基づく類型化に自分が勝手に当てはめられてしまうというおそれもあります。その結果がときには自分の人生を縛ることになります。

ある就職サービス企業が、自社サービスに登録している学生のホームページの閲覧履歴等の情報を収集して、学生の就職内定辞退率を勝手に分析した上、個人を特定できることを知りながら、採用活動先の企業にその分析結果を有償で提供していたという例がありました。つまり、就職活動中の学生がホームページ閲覧のやり方でいつの間にか「この学生は内定を辞退しそう」と勝手に類型化されてしまい、それが人生を左右する就職活動に影響を及ぼしていたのです。実際にあったこの事例は大きな社会問題にもなりました。

自分の生まれながらの属性や、日々の一挙手一投足など様々なデータによって、勝手に個人に色を付けられ、それで自分の人生が決められるのです。更に難しいことに、機械学習などを経たＡＩによる判断であれば、なぜそのように判断されたのか誰にも分からない場合も起こり得ます。

個人情報を守る技術

これらの様々なリスクから個人情報を守るにはどうすればよいでしょうか。

技術的には図Ⅳ－2のデータの流れのうち、個人が特定できる情報である黒矢印について、厳重な閉じ込め管理が必要です。学校や教育委員会内での厳重な扱いはもとより、クラウドサービス事業者に対しても契約等で十分担保させていく必要があります。

一方、白矢印の部分は、個人を特定できないデータに徹底的に加工する必要があります。先の属性だけで個人が特定される例などは注意しなければなりません。また、一つの情報では個人が特定されなくても、他の情報、例えば部員リストや模試参加者名簿と照合すれば誰か特定されるといった情報も照合から避けなければなりません。

個人が特定できないようなデータ加工については、個人情報保護法でルールも定められています。元の個人情報を復元することができないように加工された匿名加工情報や、他の情報と照合しない限り特定の個人を識別できない程度に加工された仮名加工情報なども定義されています。

個人の判断の尊重

個人情報に対する人の価値観は多様です。必ずしも社会で明確な共通認識があるわけではありません。たとえデータ利活用からの恩恵が得られなくても、個人に関する情報の提供を希望しない人がいます。その人たちの判断は尊重されなければなりません。

注意すべきは、これまで見てきた携帯電話にせよウェブサイト閲覧にせよ、何らか自身の意思による活動を通じてデータが提供されているのに対し、教育、特に初等中等教育は全国全ての子供が義務として受ける教育を通じてデータが創られる構造となっていることです。

このため、個人情報の扱いは他の分野とはおのずと異なります。特に提供を希望しない人たちの情報は、データ利活用の流れから確実に除く仕組みが求められます。このためには第三者への情報提供を事前に本人に知らせておいて、本人からの申し出があれば提供を停止するというオプトアウトと呼ばれる手続きを担保しておく方法などが想定されます。

ここで強調しておきたいことは、個人情報の提供を希望しない人がいるために、データ利活用の取組そのものを止めてはいけないということです。むしろ利活用の取組を進める中で、希望しない人のデータを除外できる仕組みを確実に組み込むこと、そしてその仕組みを丁寧に説明して本人の意向を確認しながら運用していくことが、利活用を推進する者、希望しない者双方からの信頼を得られるあるべき姿です。

大切な子供たちのデータは人生を左右することにつながります。利用するサービスが個人情報を扱う重要性を理解し、矢印ごとの情報の扱いやオプトアウトなど、適切に担保できているか、個人は教育現場に対し、教育現場はサービスを提供する企業に対し、常に目を光らせておく必要があります。大前提として、個人、教育現場、企業それぞれに、個人情報保護に対する理解とモラルが問われます。

教育分野には学びや校務など特有のデータが存在します。また、従来から学校教育法に基づき、各学校では指導要録の作成、保管が義務付けられてきた経験もあります。教育界全体が健全なＤＸを進めるためには、従来の情報の扱いと合わせて、個人情報に関する課題を再度意識して、誰に対しても納得のいくデータ利活用を進めることが肝要です。

情報セキュリティ

個人情報保護とともに情報セキュリティも理解しておかなければなりません。ときに個人情報保護と混同されることもありますが、この二つは関係は深いものの、異なる概念です。端的に言えば、情報セキュリティは、個人情報のみならず全ての情報を安全に扱うこと、一方で個人情報保護は、個人の情報を安全に、かつ適切に扱うこととなります。

情報を安全に扱うとは、情報の「機密性」「完全性」「可用性」に対する脅威から守ることです。「機密性」とは、許可された者だけが情報にアクセスできること、「完全性」は保有する情報が正確で、完全であること、「可用性」とは許可されたときにいつでも情報にアクセスできることです。

「機密性」を守るためには、許可されていない者はコンピュータやデータベースにアクセスできないようにしたり、閲覧はできても書き替えることはできないようにしたり、といった対策が取られます。

「完全性」を守るには、情報が不正に改ざんされたり、破壊されたりといったことを防ぐ対策が取られます。

「可用性」を維持するには、情報を提供するサービスが常に動作することを表します。地震や津波など自然災害でたとえ学校が被災しても、可用性が確保されていればすぐに子供たちの学びを継続することができるのは、デジタルの大きな強みでもあります。

脅威と聞くと、まず悪意をもって攻撃する者が思い浮かぶかもしれませんが、コンピュータの不備や利用者の過失、自然災害など、その実態は様々です。また悪意をもつ者と言っても、海外のハッカー集団だけでなく、むしろ関係者内にもいる可能性があり、実際に民間企業では従業員が情報を抜き出して売却するといった事件も発生しています。

国でもサイバーセキュリティ基本法はじめ様々な法律に基づき、日々対策を進めています。

教育分野でも、過去にはいわゆるハッキングによる成績データの流出がありました。文部科学省では「教育情報セキュリティポリシーに関するガイドライン」を示し、その考え方や具体例を示しています。このガイドラインも技術の進展に応じて何度か改訂しています。最近ではクラウド活用や、学校から直接公共ネットに接続するローカルブレイクアウトなどを踏まえ、信用できる通信領域は存在しないというゼロトラストと呼ばれる考えを前提にした技術も踏まえています。

クラウドも、決してどれでもよいというのではありません。クラウドのセキュリティが満足な基準を満たしているかといった観点に、より注意が払われるべきです。政府では、政府機関が利用するに満足なセキュリティ基準を満たしているクラウドサービスかどうかを評価する「政府情報システムのためのセキュリティ評価制度（ＩＳＭＡＰ）」と呼ばれる制度を運用しています。

クラウドのセキュリティはユーザーの関心が寄せられにくいため、対策を後手に回すサービス企業も少なからず存在します。教育データの重要性を考えると、このようなＩＳＭＡＰ基準を満たしたクラウドサービスのリストを基本に、適切な選定が望まれます。

情報プラットフォームの落とし穴

前述の民間企業が展開する情報プラットフォームには、消費者に対する危険性だけでなく、市場独占やデータ寡占といった、業界内の民間企業活動の公平性に対する様々な負の影響が指摘されています。

例えばある消費者がＸ社の情報プラットフォームを導入すれば、プラットフォームに対応していないＡ社の製品は利用できなくなります。Ａ社から見れば参入障壁となり、消費者にとってもＡ社製品が使えないというデメリットになります。Ａ社が使ってもらうには製品をＸ社プラットフォームに適合させるための余分な時間とコストが必要になります。更に、Ｘ社からＡ社にはプラットフォーム接続手数料の要求も想定され、それらの費用は消費者に転嫁されることになります。
また、情報プラットフォームには様々なデータが集中することになります。情報プラットフォームの運営企業Y社は、自社のプラットフォーム上でサービスを展開するB社の製品を通じたデータへアクセスできる仕組みとすることも可能です。Y社は、B社が培った技術により蓄積されるデータを使って、有利に価値創造を行うこともできます。

健全なDXの発展には、需要と供給、双方のプレーヤーが安心して参画できる市場が前提です。情報プラットフォームも多くのプレーヤーの建設的な関係の下で成り立つべきものです。

教育分野では、学習eポータルという民間サービスが、このプラットフォーム基盤の役割の一部を担うとされ、描かれた理想像の下で教育現場への導入が先行しているように見えます。一方で現実を見ると、業界内ではすでに、先に触れたような公平性への懸念が聞かれます。教育現場が本当に利便性を感じるには、プラットフォームの下で関係する企業間の連携が不可欠ですが、実現は不透明です。

また、この民間サービスは無償で展開されていますが、そのためデータ流通の基盤として欠かせない、長期に安定的な運営費を担保する構造に不安があります。仮に今後有料化や他の製品への転嫁ともなれば、消費者である教育現場にとって、経済的な問題のみならず、信義的な疑念も生じることとなるため、市場に受け入れられるか疑問です。

より深刻なのは、情報プラットフォームとして最も大切な個人データの扱いです。個人データの扱いは個人の判断が尊重されるべきという点に触れましたが、この民間サービスの中には、本人や保護者の同意がなくても、サービス提供企業が教育委員会と契約すれば個人データを自由に扱える構造となっているものがあるとして、すでに報道でも問題が指摘され始めており、教育委員会からも懸念の声が上がっています。セキュリティへの懸念も聞かれます。

いずれも民間サービスの根幹にかかる深刻な問題であり、解決なくしてこのサービスの展開は困難でしょう。教育現場への導入の誘因ともなったCBTシステムへの接続やシングルサインオン、教育データの標準化だけであれば、あえてこの民間サービスを実装しなくとも十分実現できます。

教育現場からすれば、この民間サービスでないと実現できない現実的な利便性、子供たちの大切な個人データを長期に預けるに足る運営の担保、何よりデータの安全・安心で信頼できる扱いが満足いく水準で明確に示されるまで、導入を急ぐ必要はないように思えます。

何より関係者には、このような問題を抱えたサービスを教育現場に拙速に展開することが、教育データ利活用への社会の不信を惹起し、教育DX全体の停滞を招きつつある事実を深刻に受け止めてほしいと思います。

高知県のクラウドとプラットフォーム整備の例

すでに全国の自治体や学校では、クラウドや自身で構築した信頼できる情報プラットフォームをうまく活用し、理想的な教育ＤＸを進めているところも出てきています。ここでは県が主導し、県下全域で進めている高知県の例を紹介します（図Ⅳ－４）。

高知県では県の教育委員会の主導で、Google クラウド上に「高知家まなびばこ」という学習支援プラットフォームを構築しています。このプラットフォーム上で、県作成の単元テストや、子供たちが毎朝の気持ちを入力する「きもちメーター」というアプリなど様々なツールを運用し、クラウドで情報を収集、蓄積するシステムを整備しています。業者作成のデジタルドリルやデジタル教科書等の情報も、全てこのプラットフォームと連携させて、クラウドで管理することも進んでいます。更にこれら複数のデータを一元的に可視化する、ダッシュボードという機能整備も行われています。

特に注目すべきは、すでに県内全市町村には、県主導で同じ校務支援システムが導入されており、全てのデータがクラウド上のプラットフォームと連動できるということです。更に、子供たちには、高知県で統一された Google アカウントがＩＤとして付与されていることから、子供たちの県内の進学、転校の際にはデータが自動的に連携されることになります。教職員も、他の市町村に異動と

図Ⅳ-4　高知県が進める教育データ利活用環境の例

なっても全く同じ使い慣れたシステムが利用できるとともに、クラウド上なのでデータをＵＳＢなどで持ち運ぶリスクもなく、遠隔地からのアクセスが保証されるなど、働き方改革にも直結しています。

更に、全てのデータがクラウド上で管理されていることで、複数データを用いた分析や結果の活用を円滑に行える環境が整っており、将来の拡張性・発展性にも非常に優れた仕組みとなっています。

5 データ分析とＡＩ

教育におけるデータ分析

従来の大手教育企業に加え、エドテック（EdTech）と呼ばれる新興企業も、多くがデータを用いたＡＩ駆動と呼ぶデジタル教材を提供し始めています。その多くは直接のニーズが高く、データも収集・分析しやすい、問題の正解を求める形の学習ドリルが中心です。これらは、子供たちの理解度の弱点を発見し、本人や教師のより的確な学びに向けた判断を支援してくれます。学習指導要領の三要素の一つ「知識及び技能」の育成補助が中心となります。

この学習ドリルのアプローチは、Ⅱ章で紹介した一九七〇年代の竹園東小学校での挑戦から始まっていますが、現在はデータの種類や処理能力が格段に上がっており、新たな可能性が広がっています。

先に触れたように、子供たちのアクセスデータから、その子たちの学習に取り組む姿が見えてくる可能性があります。その結果、学びに向かう意欲といった従来非認知能力と言われていた力が、間接的にも浮かび上がってくるかもしれません。対話的なやり取りの文章の言葉を分析することで、その子の思考のプロセスも可視化できる可能性があります。このように教育が様々なデータで量的、質的に可視化されていくことで、学習指導要領の二要素「思考力、判断力、表現力等」、「学びに向かう力、人間性等」の育成を劇的に補助するものとなる可能性があります。

しかし、現在のところ、このようなデータが意味するものはまだ十分理解、評価されていません。どんなデータが分析に役立つのか、分析結果は子供たちの資質・能力とどのような相関があるのか。その前提としてそもそも教育はどうあるべきか。データの可視化が現実的になっていくからこそ、これらに応えられるようなデータ分析手法、更には教育学そのものの進展が求められます。

人工知能（ＡＩ）

この分析に大きな役割を担うと考えられるのがＡＩ、人工知能です。

人工知能という言葉は、知的とされる機能を実現しているシステム全般に対する呼び名であって、実は明確な定義はありません。広告でＡＩと謳っている製品も、その能力は非常に幅があります。

この人工知能、一九五〇年代に提唱されて以来、知的な機能に向けた異なるアプローチを経て、現在の三回目のブームに至っています。

最初のブームは一九五〇年代後半から六〇年代にかけてでした。コンピュータプログラムで「推論」と「探索」を計算することが可能となったので、これらを使ったアプローチが試みられました。実際にパズルのような計算が人より高速に解けたことから注目を浴びたのですが、あらかじめ想定されないような複数の要因がからむ現実問題にはとても対応できる能力がありませんでした。Ⅱ章で紹介した初期のＣＡＩも、このアプローチを用いたものと言えます。

二回目のブームは八〇年代で、「知識」からのアプローチでした。コンピュータの判断に必要な知識をあらかじめ記憶させておくことで、知識に基づき専門家のように振る舞うことのできるエキスパートシステムの研究が進められました。しかし、当時は膨大な量の知識を人がコンピュータにとって理解できるように入力しなければならず、その作業には限界があったために九〇年代中頃には下火となりました。

現在のブームは、ビッグデータから人工知能が自ら知識を獲ることのできる「機械学習」という技術がその扉を開きました。更に二〇〇六年には、脳の神経細胞の構造を模したニューラルネットワークというシステムによる深層学習の技術も登場しました。

これら革新的な技術がもたらしたのが二〇二〇年代に登場し、世界中で話題の生成ＡＩです。インターネット上の膨大なデータを学習することで、簡単な指示だけで文章や画像など新しいデータを生成することができるＡＩです。

このＡＩの根幹である「機械学習」ですが、極めて単純に表現すると、全てのプログラムを人が準備するのではなく、膨大なデータから統計、推論法を使ってＡＩ自身が類型やルールを見いだしながら精度を高めていくというものです。つまり、現在のＡＩの基本的な仕組みは、まさにこれまで触れてきたデータ駆動そのものです。

このため、精度を上げるためにはより大量のデータが必要ですし、ＡＩ利用のリスクもデータ駆動のリスクと重なります。ＡＩは推測計算を行っているだけで、結果は推測に過ぎず、何ら万能ではありません。更には、ＡＩの深層学習などでは、専門家でさえなぜＡＩがその結果を出したのか、明快な説明ができないこととなります。結果を絶対的なものと信じないで自分で判断、決定する必要があります。

ＡＩの適切な利用にはこのようなデータ駆動の特性を理解することが求められます。文部科学省は初等中等教育段階での生成ＡＩの利用についてガイドラインを示していますが、このデータ駆動というＡＩの仕組みを理解した上で読むと、ガイドラインの意味するところがより深く理解いただけると思います。

Ⅴ章

教育 DX で越えるべき壁

～教育に根付く文化による壁～

1 デジタルと教育の二項対立

教育DXに立ちはだかる壁とは

前章までで、現在に至る教育ICTの道程を見ながら、これから教育DXが進んでいくであろう道程と、いわばその案内役としてのデジタル技術、中でもデータが鍵となる旨を説明しました。

しかし、その道程は順調ではありません。むしろ他分野から教育に飛び込んだ筆者から見えるのは、様々な壁に突き当たりつつある教育界の姿です。そして、その壁は当事者に気付かれないままで、知らず知らずのうちに進むべき道も見失いつつあります。

この章と次章では、教育DXの道のりで直面している「壁」を教育関係者に意識してもらいたく、筆者なりに指摘したいと思います。まずこの章では、教育に根付く文化から無意識のうちに直面している壁を大きく四つほど挙げていきます。

筆者の視点から見ると、教育界には他の業界にはない独特の文化があります。それは学校現場のみならず、取り巻く学術関係、教育産業、更には教育行政までその文化の影響を受けています。その文化はもちろん敬われるべきものも多数あるのですが、デジタル化への足かせともなるものも存在します。

遠隔授業での対立

筆者が担当となった頃、政府内では授業に遠隔授業を積極的に導入するか否かについて議論がなされていました。

あえて分かりやすく言えば、積極的に導入すべきという主張は、学校にＩＣＴ機器を用いたオンライン授業を導入すれば場所を問わず授業が行えるので、教え方の上手な教師が遠隔で授業をすればよく、児童生徒が学校に通う必要も減るのではないか、といったものでした。これ自体は乱暴に聞こえるかもしれませんが、この時期は、新学習指導要領の実施を前に、高等学校の教科「情報」免許を保有した教員の採用・配置不足が各地で指摘されていた頃でもありました。そのため、オンライン授業とすれば、免状を持った一人の教師が複数の学校に対し授業が提供できるので、教員不足問題も解決するとの主張には一定の説得力がありました。

一方で導入に慎重な主張は、教育とは教師と児童生徒、児童生徒同士の日常的な直接の触れ合いを通じた全人的育成であり、遠隔教育ではこの教育の本質が崩れる大きな危険性を孕むというものでした。更に、そもそも教員不足には教員を配置すべきであり、安易な遠隔教育導入は教師不要論にもつながりかねないとの懸念も指摘されました。

この議論、オンライン授業と対面授業の二項対立として論陣が張られることとなりました。確かに対立軸として整理することで、オンライン授業と対面授業それぞれの利点・欠点を洗い出して整理する上で効果的でした。この整理がⅢ章の遠隔授業の整理にもつながっていきました。

一方で、オンライン授業自体が従来の教師の対面授業と対立する構図に陥ってしまいました。Ⅲ章で見たとおり、外部の専門家や他校とオンラインでつないだりすれば、様々な活用で学びの幅が広がるもののはずです。

当時、「東京から優秀な講師が一人で全国一斉に配信すればよい」という、学校教育に対する理解不足の極論が展開されたのも、対立に拍車をかけてしまいました。コロナ禍で一斉休業を経験した今でこそ、子供たちの対面での学び合いの必要性は広く認識されるに至りましたが、このような半ば強引な主張は、慎重側のオンライン教育自体への警戒感、拒否感を増幅させることになり、その結果、効果的であるはずのオンライン導入さえネガティブに捉えられてしまいました。

二項対立とは

二項対立とは、もともと論理学の用語で、矛盾や対立する概念を明確にして解決に結び付ける手法のことです。この手法は物事を理解し整理する上では極めて効果的です。そもそも「分かる」という言葉そのものが、混とんとした状況から二つに「分ける」と明確になるということに由来しています。対立構造とすることで、問題を解決しようとする際、どんな視点が欠けていたのか、対立の根本は何かが明らかになり、その解決への近道になります。この考えはディベートや裁判など様々な場で使われる手法です。

ところが、この二項対立の設定や使う機会が適切でないと、本来対立構造でないものがあたかも対立する概念であるかのように誤解を生み、解決しなければならない問題を逆に阻んだりする例も見られます。

原子力発電は二項対立の典型です。導入すべきか廃止すべきか、エネルギーや環境問題からそのメリット、デメリットを洗い出して冷静な議論をすることは大きな意義があります。一方で、すでに存在する放射性廃棄物の処分といった議論は誰も避けられません。本来は様々な知恵を結集して皆で解決すべき問題です。しかし、イデオロギーを背景に激しい感情論的対立となった過去のある原子力の二項対立が持ち込まれて、残念ながら社会的な議論が進みません。

教育に関係する二項対立の例としては、「文系」と「理系」が挙げられます。平成二五年の国立教育政策研究所の調査では、高校の三校のうち二校は文系、理系のコース分けをしていて、そのうち文系コースで履修している割合は六八%、理系コースは三二%となっています。

この日本独特の文系と理系のコース選択は、その後の人生においても大きな影響を及ぼしています。生徒自身の適性などももっともらしく評価され、その後の進路、就職の選択肢が限られてきます。更には日常的な判断まで「自分は文系だから……」「理系だし……」というのが言い訳となることも多いかと思います。

しかし、現在、社会が複雑化する中、学際的な分野、特に文理をまたぐ分野が急速に重要になりつつあります。学際研究と呼ばれる複数の分野、中でも自然科学と人文学・社会科学が協働で一つの関心に対し研究を行う必要性が急増しています。

例えば人工知能が創作した小説は誰の著作物なのか、遺伝子治療で人がより健康になるのは倫理的に許されるのか、また地球温暖化に政治や経済はどうあるべきかなど、自然科学と人文学・社会科学と双方で進めるべき課題が急増しています。Ⅲ章で紹介したデータ駆動型社会の実現はその典型です。いずれもSociety 5.0をより豊かな社会とするために求められることばかりです。データ駆動型教育における教育学とデータサイエンスの融合が必要であることにも触れました。

分野横断、学際的な取組が少ないのが日本社会の弱みと言われます。このような複雑化していく社会の変革に対応するためには、個人レベルで「私は文系的思考」「自分は理系の傾向」といった対立意識、限界の自覚から解き放たれる必要があります。昨今のSTEAM教育はその一つのチャレンジと言えます。

この問題意識は国も共有しています。Ⅰ章で紹介した、平成三〇（二〇一八）年に文部科学省が公表した「Society 5.0に向けた人材育成～社会が変わる、学びが変わる～」では、新たな時代に向けた学びの変革、取り組むべき施策として「文理分断からの脱却」を挙げています。

二項対立はあらゆる分野で理解を深める効果もありますが、必要ない分断を生む側面があります。更には意識して二項対立に持ち込む例も見られます。「推進派」と「反対派」、「改革派」と「守旧派」などとして、相手を対立軸に置き、敵視することで自分の支持者を増やす、あるいは結束を高めることは、仲間内から国際紛争まで様々な場合に見られることです。

そもそも二項対立は絶対的なものばかりでなく、相対的な二分もあります。まして複雑で様々な視点のある対象にはその設定に注意が必要です。先の例のように設定が適切でないためにときに二項対立が現実問題の解決を阻害する場合もあります。

教育ＤＸでの二項対立

話を教育ＤＸに戻しましょう。教育のデジタル化におけるこのような対立は、遠隔教育の例だけでなく、他でも見られます。一つの例はデジタル教科書と紙の教科書でしょう。デジタルと紙を比較し、使い勝手や学習効果、健康影響など様々議論がなされています。ただし、これも雌雄を決しようと欠点の応酬になる議論も見られます。教育の在り方そのものだけでなく、産業構造にも影響するため、双方に支持者がいてマスコミも巻き込んでの応酬にも見えてしまいます。

実際は、一度に全員が二者択一というものではありません。令和の学びに合わせ、両者それぞれの利点を生かしながら併用していくのが現実的でしょう。

最近は減りましたが、これら遠隔授業や教科書などの対立をまとめて「デジタル」と「教育」の二項対立に仕立ててしまう議論もありました。更にデジタルは産業界がもたらすものだとして、「産業界」と「教育界」といった乱暴な対立構造まで見られます。そもそもＩＣＴ、デジタルそのものは教育と何ら対立する軸ではありません。

この点は、中央教育審議会の令和三（二〇二一）年三月の答申『「令和の日本型学校教育」の構築を目指して～全ての子供たちの可能性を引き出す、個別最適な学びと、協働的な学びの実現～』においても、「一斉授業か個別学習か、履修主義か修得主義か、デジタルかアナログか、遠隔・オンラインか対面・オフラインかといった、いわゆる『二項対立』の陥穽に陥らないことに留意すべきである。どちらかだけを選ぶのではなく、教育の質の向上のために、発達の段階や学習場面等により、どちらの良さも適切に組み合わせて生かしていくという考え方に立つべきである」と明確に示されています。

二項対立はその利点、欠点を整理し、理解するため、正確な項目立てとなっているのかを常に意識していく必要があります。様々なＩＣＴ、デジタル機器の道具としての利点、欠点を認識しながら教育界の皆さんがデジタルを教育に「取り込んで」いってほしいと願います。

2　ICT利活用の「横並び文化」

全国一斉休業での横並び

令和二（二〇二〇）年三月のコロナ禍での全国一斉休業の経緯は序章で紹介しました。ＳＮＳ等で学校現場の教職員から次々挙がってきた声は、「オンラインでの授業をやろうとしたら上司から止められた」、「皆にメールで連絡を取ろうとしたけれど許可が下りない」。一方で保護者から聞こえるのは「自分の子供はプリントを渡されただけで学校は何もしてくれない」。

学校現場でこれら教職員の努力が止められた原因が「他の学校やクラスで実施していないから」だということ。単に自ら実施すればよいだけの話に聞こえます。更に聞くと、「取組のできない学校や教師の児童生徒と不平等が生じるから」というのがその「理由」だと言われ、正直言葉を失いました。この未曾有の状況下で必要な平等性とはとても考えられません。更には、取組の恩恵を受けられない家庭から「なぜうちの子には対処してくれないのか」というクレームが来るからとも言われました。

ここまでくると、「教育の機会均等」が、ただ新しいことを躊躇する者にとっての、体のいい言い訳と化しています。

教育界の横並び文化、同調圧力はこれまでも多くの場で指摘されてきました。先に紹介した中央教育審議会の令和三（二〇二一）年三月の答申「『令和の日本型学校教育』の構築を目指して」の提言を再度振り返ってみます。「社会の多様化が進み、画一的・同調主義的な学校文化が顕在化しやすくなった」とした上で、「従来の社会構造の中で行われてきた『正解主義』や『同調圧力』への偏りから脱却し」と明確に提言しています。

新しい技術導入の理論

いったん教育を離れ、普段の生活の中で、オーディオ機器、家電、自動車など新しい機能を備えた画期的な新製品が発売されたら、皆さんはどう行動しますか。興味を惹かれるものはすぐ購入して試してみるでしょうか、周りが使ってよかったという評判を確認して購入するでしょうか。

このような、新しいアイデアや技術を個人がどう採用するかに関する有名な研究があります。「イノベーター理論」として広く知られるもので、古く一九六二年、スタンフォード大学の社会学者エベレット・M・ロジャーズ教授が『イノベーション普及学』という著書で紹介したものです。この分析では、普及・拡散の過程を図V-1のように五つに分けています。

まずイノベーター（革新者）とは、情報に対する感度が高く、新しいものを積極的に導入する好

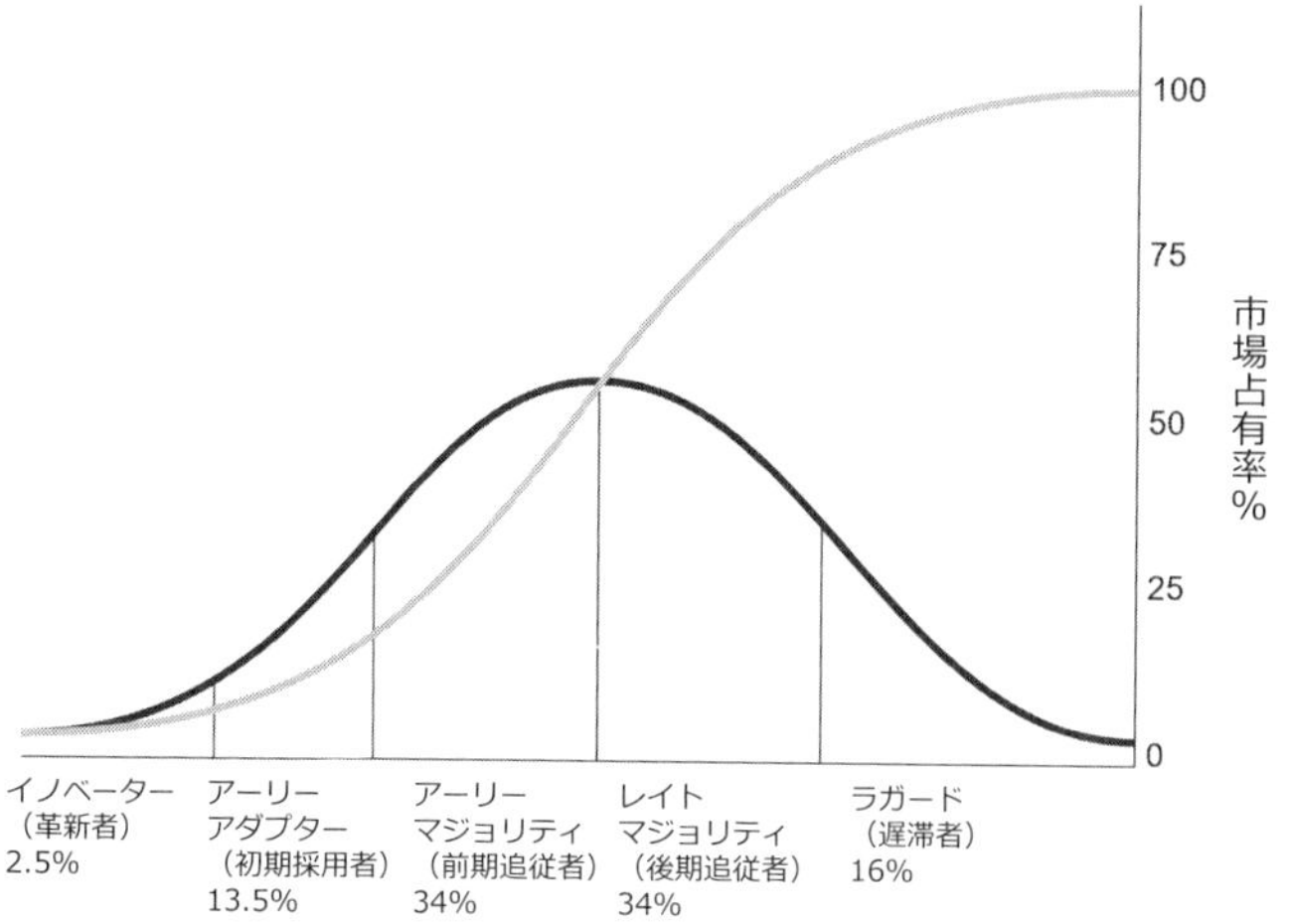

図V-1　イノベーター理論

奇心をもった層で、市場全体の二・五%程度と言われています。目新しさや最先端に価値観を見いだすため、コストが高くても支持します。一方で製品やサービスから得られる便益にはあまり関心がありません。新製品の発売当日、販売店舗に朝から列をつくるような人たちでしょうか。

アーリー・アダプター（初期採用者）とは、イノベーターほどではないものの、今後普及するかもしれない製品やサービスにいち早く目を付けて購入する層で、市場全体の一三・五%程度と言われます。世間や業界のトレンドに敏感で、常にアンテナを高く張って情報を判断し、これから流行りそうなものを採用するので、世間や業界のオピニオンリーダーやインフルエンサーになりやすい層です。この後の層に影響を与えるので、市場の攻略では特に重要な層と言われます。

アーリー・マジョリティ（前期追従者）とは、アーリー・アダプターよりは慎重ですが、新しい製品やサービスなどの情報に関心が高く、一般的な消費者よりも早い時期に導入する層で、市場の三四％程度を占めます。この層は流行に敏感で、導入の判断はアーリー・アダプターの意見に大きく左右されます。

レイト・マジョリティ（後期追従者）は、新しい製品やサービスの採用には消極的で、全体の三四％を占めます。周りの動向をうかがってから採用する層で、製品やサービスを利用する者が半数を超えて多数派だと確証を得てから採用を検討します。この層に導入を納得させるには普及率が鍵です。

ラガード（遅滞者）は、最も保守的な層で、一六％を占めます。新しいものに全く関心がなく、「新しいものは受け入れたくない」と考えるため、伝統的、文化的なレベルまで浸透しないと採用しない層です。

このモデルについて、米国のジェフリー・A・ムーアは一九九一年の著書『キャズム』で、特にコンピュータ製品などのハイテク市場では、アーリー・アダプターとアーリー・マジョリティの間に他では見られない大きく深い溝（キャズム）があると指摘しています。イノベーターやアーリー・アダプターの初期市場は、新規性に価値を見いだします。一方でアーリー・マジョリティやレイト・

マジョリティのメインストリーム市場は、信頼感、安心感に価値を見いだします。市場で製品に安心感を得られるかが、大きなポイントとなります。

自由な市場でこのような市場モデルが成立するのは、個人の心理に起因しています。皆さんの周りを見渡しても、新しい技術導入に早くから挑戦してみたいと望む層もあれば、皆が使ってみないと手を出さない保守的な層もいるのではないでしょうか。

先導者の役割

新しい技術を導入する際に無理やり「横並び」を導入しようとすればどうでしょう。イノベーター、アーリー・アダプターにとっては、導入までやりたいことができないフラストレーションが溜まります。横並びを待っている間に新規性は失われていきます。一方、ラガードにとっては、「使ってみろ」と強要されるのは大きな負担です。

更に、アーリー・マジョリティ、レイト・マジョリティにとっても、周りで使った先行事例がなく不安感や違和感をもつことにもなります。万一「横並び」で導入できたとしても、このような各層の負担や不安、違和感が現場を支配するようになれば、その導入に支持は得られず、結果使われなくなります。

ここで押さえるべきことは、積極的な層から順に、周辺に波及させながら市場に浸透していくという過程です。

「ファーストペンギン」という言葉があります。ペンギンは群れをつくって集団行動を行いますが、強いリーダーはおらず、最初の一羽に従う特性をもっています。集団性が強いため、氷上に皆とどまっていても、餌の魚を獲るため、シャチやトドなど天敵に襲われる危険性のある中、先陣を切って飛び込めば、そこが安全であると仲間に示しながら、最初に餌にありつけるということから転じ、リスクを恐れず挑戦しようというベンチャー精神の持ち主のことを呼ぶ言葉です。

教育でのＩＣＴ導入では、このファーストペンギンの重要性が指摘されます。アーリー・アダプター、オピニオンリーダーがファーストペンギンの役割を果たせるよう、彼らのチャレンジを止めていては、いつまでたってもその集団は前に進めないということです。

国立教育政策研究所の卯月由佳総括研究官は、文部科学省の「ＧＩＧＡスクール構想に基づく一人一台端末の円滑な利活用に関する調査協力者会議」で、学校でＩＣＴの環境整備とＩＣＴの教育活用の推進において影響力の大きい、鍵となる人材を「キーパーソン」と定義し、学校でのキーパーソンの有無が学校全体のＩＣＴ活用に統計的に有意に高くなることを紹介しています。このキーパーソンがオピニオンリーダーとして全体を牽引する役割を果たしていることが分かります。

不得意な教職員への支援

扱いに不安がある人、ラガードへは周りのサポートが重要です。

茨城県つくば市立みどりの学園義務教育学校は、ＩＣＴへの先進的な取組を進めてきた当時の毛利靖校長先生の下、二〇一八年の開校から一年で全教職員が全教科でのＩＣＴ活用を実現しました。いまや全学年であらゆる学びの機会にＩＣＴが活用されています。教職員も児童生徒も文具として普段使いが実現しています（図Ⅴ-2）。この教職員に対し「操作が分からないときにどうしたか」と尋ねたところ、ＩＣＴに詳しい同僚教職員に使い方を聞く例もある一方、この学園特有のＩＣＴ部員やその他の学園生など、児童生徒に聞く例も多かったとのことでした。あえて初年度はＩＣＴに詳しい教職員を三年生と五年生に配置し、教職員間の意思疎通を意図的に図ったとのこと。このようにオピニオンリーダーとしての役割を果たす教職員や児童生徒の存在も重要です。

デジタル社会を迎える今、年長者が子供たちより何でも知っているという時代は終わっています。教育者はあらゆることに児童生徒より優位に立つ必要はありません。デジタルネイティブの子供たちに尋ねることが、むしろ子供たちとの学び合いにつながるでしょう。みどりの学園のように、得意な子供たちに支援してもらうのもよいかもしれません。

更に、ＩＣＴは近付きにくい、書籍や活用事例の動画をいくら見ても分からない、他の教職員や児童生徒にも何を尋ねてよいか分からないという教職員もいるかもしれません。そのような人には、まずは触れてみることをお勧めします。筆者自身、事業者から対面でいくら説明を受けても理解で

図Ⅴ-2　つくば市立みどりの学園義務教育学校でのICT活用（上は3年生社会科、下は1年生生活科）

きなかったものが、自分で体験コーナーに足を運び、実際に触ってみて初めて便利さを実感できた経験があります。

公的研修とともに、更に活用されてもよいのはＯＳ事業者の無償研修です。令和三（二〇二一）年一月、萩生田文部科学大臣とＯＳ事業者との意見交換の際、大臣が事業者に教職員向けの無償研修の実施を依頼しました。以前からＯＳ事業者は無償研修を行っていたのですが、事業者としてもＧＩＧＡスクールが早期に根付き、確実なものとなっていく必要があることも一因でした。

教育の機会均等と横並び文化

教育基本法第四条には「すべて国民は、ひとしく、その能力に応じた教育を受ける機会を与えられなければならず、人種、信条、性別、社会的身分、経済的地位又は門地によって、教育上差別されない」と教育の機会均等が明記されています。当然尊重されるべきです。

しかし、ＩＣＴの前には多様な個人がいます。その多様性も尊重されるべきです。それは教育の機会均等とは別の軸だとの捉えが重要です。一見矛盾した表現ですが、横並びを理由に足踏みしている学校、先送りをしている学校と、ＩＣＴ利活用に先進的に取り組んでいる学校との間での格差が急速に広がりつつあります。前進しない自治体や学校の側が、全国で進む新たな教育の機会を逸する状況になっています。

教育ＤＸにおいて、学校現場と教育産業双方が、このイノベーター理論や間違った横並び文化、同調圧力の存在を意識し、オピニオンリーダー、キーパーソンを核に前に進めていくこと、その際には進み方はバラバラでも必ず全員が進んでいることが全国での教育ＤＸの歩みを止めないこととなります。

これからの教育ＤＸにおいて、何より児童生徒が不利益を被ってはいけません。これからのデジタル社会の担い手は児童生徒であるとの視点が何より重要です。教育ＤＸの恩恵を享受できる機会こそ、全ての子供たちに等しくあるべきです。

3　教育界の「事なかれ主義」

先延ばし行動

先のイノベーター理論は、教育のＩＣＴ利活用に完全に沿うものではありません。教育でのＩＣＴ導入は自由意志ではなく、政策的に推進されているからです。不得意なラガードへ様々手が差し伸べられるのも、子供たちのために取り組む必要があるからです。

しかしながら、ＧＩＧＡスクールが進展する中顕在化してきたのは、なおも取り組もうとしない一群の存在です。教職員のみならず管理職や教育委員会にも一定割合存在しており、その結果、そのような学校全体、更には自治体全体が教育ＤＸの歩みから大きく取り残されつつあります。

取り組まない学校からは「教職員が多忙なので暇がない」、「これまでのやり方で問題ない」、「保護者の理解が得られない」などと、できない理由がこれでもかと聞かれます。

この一群も、将来のデジタル教科書導入などを控え、いつか取り組まなければならないことは頭では理解していると思われます。その上で取り組まない、この背徳感情が言い訳を生み出しています。

可能な限り先送りすることで、できるだけ今ことを荒立てたくない、そんな心理が見て取れます。

教育での事なかれ主義

ひたすら何事も起こらず無事ばかりを望む消極的なやり方は「事なかれ主義」と呼ばれます。やらなければならないことがあると、「先延ばし行動」を取りがちです。このような行動を取る心理的要因は、個人の当事者意識や責任感の欠如が関係していると言われます。

更に、そこには新しい取組への「失敗への恐れ」が存在し、根底には失敗することで傷つく自尊感情の低さがあるとの分析があります。

教育界での事なかれ主義はＩＣＴに限りません。様々な事件でたびたび世間の耳目を集めます。校内の職員の不祥事を校長と教頭が届け出なかった、いじめの存在を教育委員会が認めようとしなかったなど、いずれも典型的な事なかれ主義と言えるでしょう。

すでにＩＣＴ利活用を進めている学校では、使い方の習得から保護者の理解、授業や校務の転換など、様々難題があり、それらを超えてきています。進まない一群には、このような難題を同じように解決できる自信がないという恐れも見え隠れします。

デジタル技術の意味をなくす「規制」

ＧＩＧＡスクール構想では、事なかれ主義が別の形でも表面化しています。

コロナ禍でのＩＣＴ活用において、端末の家庭への持ち帰りが課題になりました。文部科学省では令和二（二〇二〇）年四月の全国一斉休業の段階から、学びの保障のために家庭でのＩＣＴ活用、学校の端末の持ち帰りを積極的に勧めました。その後も文部科学省は端末の持ち帰りへの取組を強く推奨しています。しかし、一人一台端末に至っても、持ち帰りを禁止している自治体や学校が依然として存在します。

持ち帰りのみならず、具体的な活用等に際して、まずは規制で縛る例が多くあると聞きます。それらのほとんどは、自由な調べもの学習や様々なクラウド活用等を妨げており、デジタル技術からの恩恵を大きく削いでしまっています。結果、ＩＣＴに対して負担感だけが増し、利活用が進まないという悪循環に陥っている現状が見られます。

ＩＣＴの適切な活用への三つの対策とアンバランス

ＩＣＴがその力を十分に発揮するためには、①人への教育、②技術的な対策、③規則の策定、の三つのバランスが大切です。例えば故意の妨害には技術的な対策だけでは限界があるので、法律も含めた規則で縛る必要があります。また規則で縛る代わりに通信を技術的に遮断するファイアウォールや端末への対策ツールなど、予算が措置できるなら技術的に対処することも可能です。このバランスは人の価値観や地域的事情、導入システム等に依るところもあり、一律絶対的なものではありません。

加えてＧＩＧＡスクールでの急速なＩＣＴ導入では、①の人への教育は時間的な制約が大きかったことから、予算措置が可能なところは②の技術的な対策で対応し、更に予算も十分でないところは③の規則の策定で対応せざるを得ない点もあったのだと思われます。最初の取組で慎重であったこともあったのでしょう。その結果、②③による制限が過剰になり過ぎたとの指摘がなされています。実際、コロナ禍で家庭への持ち帰りが許されず、せっかくのオンライン学習ができないことや、ファイアウォールなどセキュリティ対策が厳しくて、動画教材などが満足に視聴できないといった弊害も聞こえてきます。

文部科学省は、令和三（二〇二一）年三月一二日、「GIGAスクール構想の下で整備された一人一台端末の積極的な利活用等について」という通知を教育委員会などに発出しています。「一部の地方自治体等においては関係者に適切な理由などについての十分な説明がなされないまま上記のような学習用ツールを一部使用できないよう制限するといった事例が発生しているとの指摘がある」とした上で、「GIGAスクール構想の趣旨を踏まえれば、こうした制限は安易に行うものではなく、真に必要な場合にのみ行うべきであって、むしろ、多くの課題については、一人一台端末を積極的に利活用する中で解決を図ることこそが重要と考えられる」と強く訴えています。

いつまでも②③の制限に過剰に頼ったままでいるのは、問題をできるだけ生じさせないのが楽だという事なかれ主義に陥ってしまいます。対外的に「技術的な対策をしています」「きちんと規則を設けています」と説明しやすいとの要因も見え隠れしますが、これも事なかれの考えです。取りあえずはICT利活用をスタートさせても、それで満足するのではなく、今後は①への移行を進めなければなりません。

情報活用能力

なぜなら、この①はまさに学習指導要領の情報活用能力の育成だからです。学習指導要領解説総

表Ⅴ-1　情報教育の３観点８要素

情報活用の実践力 ・課題や目的に応じた情報手段の適切な活用 ・必要な情報の主体的な収集・判断・表現・処理・創造 ・受け手の状況などを踏まえた発信・伝達 情報の科学的な理解 ・情報活用の基礎となる情報手段の特性の理解 ・情報を適切に扱ったり，自らの情報活用を評価・改善するための基礎的な 理論や方法の理解 情報社会に参画する態度 ・社会生活の中で情報や情報技術が果たしている役割や及ぼしている影響の理解 ・情報のモラルの必要性や情報に対する責任 ・望ましい情報社会の創造に参画しようとする態度

出典：文部科学省「教育の情報化に関する手引き」　令和元年 12 月

則編では、情報活用能力は「学習活動において必要に応じてコンピュータ等の情報手段を適切に用いて情報を得たり、情報を整理・比較したり、得られた情報を分かりやすく発信・伝達したり、必要に応じて保存・共有したりといったことができる力であり、さらに、このような学習活動を遂行する上で必要となる情報手段の基本的な操作の習得や、プログラミング的思考、情報モラル、情報セキュリティ、統計等に関する資質・能力等も含むもの」と定義されています。

今や多くの子供たちは自分で

SNSの世界に入っていきます。そこには真偽不明の情報が満ち溢れています。個人情報の暴露やネットいじめなどの危険もあります。Society 5.0を生きる子供たちにとっては、リアルな空間を生きる力と同じくらい、バーチャルな空間で生きていく力、情報活用能力の育成が急務となっていきます。

GIGAスクールの一人一台端末のより自由な活用では、必ず失敗も発生します。「事なかれ」で失敗を避けるばかりでなく、子供たちがその失敗から学び、三つの対策も理解しつつ自分たちでルールをつくっていく過程こそが、Society 5.0の情報活用能力の育成につながるのです。

この情報活用能力については、文部科学省は実証研究などを通じ、体系的に整理しています。全国の学校向けに文部科学省が公表している「教育の情報化に関する手引き」では、情報活用能力を表V-1のとおり三観点八要素に整理しています。これらをプログラミング教育のみならず日々の学習でのICT利活用で育むことが必要です。

デジタル・シティズンシップ

最近、「デジタル・シティズンシップ」という考えが様々な場で聞かれるようになりました。法政大学の坂本旬教授によれば、この概念は二〇一〇年頃から始まった世界的な潮流で、日本の情報モラル教育では安全面や健康面から「〇〇してはいけない」という抑制的な側面が強調されるのに対し、ポジティブな面からのアプローチであることが特徴です。

更に坂本教授によれば、最初にこの考えを広めたアメリカの国際教育テクノロジー学会（ISTE）は、デジタル・シティズンシップを「相互につながったデジタル世界における生活、学習、仕事の権利と責任、機会を理解し、安全で合法的・倫理的な方法で行動し、模範とする」と説明し、次のような九つの要素を定義しています（「：」以下は筆者追記）。

1　デジタル・アクセス：情報技術や情報源への公平なアクセス
2　デジタル・コマース：電子商取引のツールや安全性
3　デジタル・コミュニケーションと協働：オンライン上での情報交換と創造活動
4　デジタル・エチケット：他者への配慮
5　デジタル・フルーエンシー：情報技術の利用方法の理解と活用、リテラシー
6　デジタル健康と福祉：身体的・心理的な影響
7　デジタル規範：責任と問題対処の規則
8　デジタル権利と責任：全ての人の権利とそのための条件
9　デジタル・セキュリティとプライバシー：安全性を確保する手段

デジタル・シティズンシップ教育ではSociety 5.0、デジタル社会を主権者として生きていくための教育という意識が強調されています。

一部ではデジタル・シティズンシップ教育を情報モラル教育と対立する概念であると必要以上に強調する向きも見受けられますが、これも二項対立の罠に陥る危険性があります。子供たちがデジタル社会の担い手となる力を育むという目標の下で、これまで全国の学校現場で積み上げてきた教育課程における情報活用能力の育成と、海外で生まれた視点をどう組み合わせるのか、教育界への課題と言えます。

ＡＩ時代を生きる子供たち

デジタル社会を生きるために必要な能力として急上昇しているのがＡＩと向き合う力です。生成ＡＩをはじめ、これからの社会はあらゆる場面でＡＩの利用が急増していきます。ＡＩに従属することなく正しく使いこなすには、データ駆動の際に触れたデータ利活用の得失を十分把握しておく必要があります。これはまさにＡＩ時代の情報活用能力として育まれるべき力と言えます。

情報活用能力は座学でなく、触れて使うことの積み重ねで育成されます。次々に新たな技術が登場する時代、いつまでも規制縛りでは、育成の機会を奪うことになります。失敗を恐れず、児童生徒主体でルールをつくり、変えていくことを許容する度量が学校には必要と言えます。

すでに適切なルールを児童生徒や家庭で共有し、適切な活用につなげている自治体も多く出てきています。参考となる事例も増えつつあります。「事なかれ」で停滞するのではなく、大きく変動する社会に対処していくのは子供だけでなく教育界全体に求められます。

4　教育の閉鎖性

凝縮性の高い教育界

これまで見てきた教育の文化に根付く三つの壁は、より根深いもう一つの壁のため、より強固になっている気がしてなりません。それは教育の「閉鎖性」です。

教育関係者は、多くが大学を卒業して教員免許を有し、教育に熱意をもって取り組んでいるなど同質性が高く、強いつながりをもち、帰属意識も高い集団です。一般的にこのようなつながりの強い集団は、社会心理学では「凝縮性が高い」集団と言われます。

このような集団は、構成員が同じ目標に向かって協力し合うので、一つの目的を遂行するのに大きな力となります。教育界がこれまでの日本の教育を支えてきているのも、この意識の高さによるものです。

終身雇用や年功序列の日本企業も、凝縮性が高い集団であり、その結果がかつての高度成長をもたらしたと言えます。歴史的にも日本という国自体、凝縮性が高いとも言えます。

凝縮性の高い集団の負の側面

ただし、このような集団による目的達成への功績のみが過剰に意識されると、集団自身が自らを積極的に維持・強化しようという力が働くことになります。その結果陥りやすい負の側面もあります。

まず「集団思考」や「集団浅慮」と呼ばれる現象が起こります。集団として意思決定をする際に、合意形成ばかり追求するがため、判断に歪みが生じて不合理な決定をしがちになります。自分たちを楽観的に過大評価し、情報分析にも自分たちに有利なようにバイアスがかかるようになります。リスクやコストには目を閉じるだけでなく、外部の自分たちに批判的な意見は割り引いて、最初から否定的な捉えをしがちです。更に外部の批判に耳をふさぐようになり、情報収集そのものが乏しくなる傾向もあります。

集団に属する個人のレベルでも、集団で意見の一致を求めるあまり、個人が自ら集団合意から逸脱する発言を避ける傾向も見られます。ときには異論を唱える者への事前の直接的な圧力も見られます。このような斉一化への圧力、誰も声を上げられない状況は先に見た同調圧力、事なかれ主義となります。

序列への固執も見られます。集団では、内部の異論を排除して安定化させるため、序列を絶対化、固定化する力が働きます。構成員から見ると、序列に従うことで自分の安定的な居場所を確保できることになるので、上からの指示やルールを盲信することにもなります。更に、同質性の高い集団での序列は、数値による客観的な評価より主観的な評価によってしまい、「使命感」などが評価される傾向も見えます。

更に集団を引き締め、団結を強めるための手段として、外部に共通の敵をつくることがあります。意識的な場合も無意識の場合もありますが、自分たちの集団を批判する外部集団がその標的となりやすく、まさに二項対立につながります。

これらが重なると、その集団特有の異常な慣行を、その集団の構成員自身は何の疑問ももたず日常的に行うことになります。外部との高い壁を自ら構築する閉鎖的な集団となってしまいます。構成員はそのような集団となったことにも気付きません。

これらの特性を理解した上で日々の報道を見返してみると、企業や団体に始まり国家レベルに至るまで、いかに多様な閉鎖的集団が、周りからズレた様々な価値を有し、ときに問題を引き起こしているかが分かります。

再び筆者の経験から原子力の例を挙げます。原子力は複雑で高度な技術が必要なことから、かつて原子力技術者はエリート集団と見なされていました。集団の内部には確固たる序列が存在し、構成員には強烈な自負がありました。外部の反対意見は「知識のない者の戯言」と見る風潮があり、ほとんどは一顧だにしませんでした。

結果、福島第一原子力発電所の事故をきっかけに、「原子力ムラ」とも揶揄される集団の典型的な閉鎖性がプレーアップされることとなりました。

教育ICTでの閉鎖性の兆候

教育界や学校も、閉鎖的と言われることがありました。例えば昭和六〇（一九八五）年六月の臨時教育審議会「教育改革に関する第一次答申」では、「これまでの我が国の教育の根深い病弊である画一性、硬直性、閉鎖性、非国際性を打破して、……」と明記されています。

教育ICTもその例に漏れません。I章では教育ICTが社会からも諸外国からも取り残されていたと紹介しました。教職員の視点からの国際調査である二〇一八年のOECDの国際指導教員環境調査（TALIS）でも「デジタル技術の利用によって児童生徒の学習を支援するか」の設問にOECD平均は六六・七％であった一方、日本は小学校で三八・五％、中学校で三五％でした。

実際、教育現場では校務のICT活用も進んでおらず、コピーを職員が手分けしてソートしていたといった話も文部科学省内でまことしやかに流れていました。

このようなICT利活用に関する教育界の大きな遅れについて、現場の教職員が状況を把握し、少しでも課題意識としてもっていたかは振り返っておく必要があります。ＩＣＴへの投資も見込めないこともあり、意識的に目を背けざるを得なかったという側面もあるかもしれません。

先に触れた、教育へのＩＣＴ導入を二項対立として批判的に捉えがちになるのは、集団防衛のための無意識のバイアスの存在もあります。「まずは活用したい」という声を止める同調圧力、更に変化への対応を望まない事なかれ主義についても、教育が抱える閉鎖性に起因しているとは言えないでしょうか。

閉鎖環境から抜け出すために

繰り返しますが、集団形成自体は何ら否定されるものではありません。目的に向かって大きな効果を発揮するものです。一方で、これからの教育ＤＸの歩みが、閉鎖的な集団としての不合理な判断により止まることは避けなければなりません。何に留意していけばよいのでしょうか。

まずは閉鎖的な集団がもつ特質、特にここに挙げたような負の側面の存在を意識することから始まります。普段、それらの兆候は構成員自らは気付きません。

意識するためには広い情報収集も必要です。普段の学校や自治体から外に出て、他の学校や地域の取組に関する情報を得ることで、視野が大きく広がります。多忙ならばＩＣＴの活用が味方になります。全国各地で同様に教育ＤＸに取り組んでいる自治体や学校の活用事例などは、ネット上で

図Ⅴ-3　長野県下伊那地域 ICT 実務担当者会の様子（左端筆者）

広く紹介されています。教育ツールの使い勝手や新しいアイデアに豊富にアクセスでき、視野が圧倒的に広がります。

長野県最南部、下伊那地域の一四市町村の教育委員会では、定期的にＩＣＴ実務担当者会を開催しています。メンバーは各教育委員会の事務局職員だけでなく、企業のバックグラウンドをもつＩＣＴ支援員もいれば、教育長自ら参加する村もあるなど多彩な会です。筆者がゲストとして参加した際には、文部科学省からの質問票の意図することの確認、利活用推進計画の認識合わせ、また地域の中核となる飯田市主催の教員研修への参加呼びかけなど、様々な情報や意見がそれぞれの視点から自由に飛び交っていました（図Ⅴ-3）。

この担当者会は、新たな情報入手から悩みの共有、新たな視座の提供、更には新しい人間関係の構築など、全ての参加者にとって、自身の教育委員会で閉じがちな環境を大きく広げることに貢献していました。結果として各自治体では開かれたICT活用につながっています。

教育に限らずとも、様々な分野でデジタル化に取り組んでいます。デジタル技術の動向や失敗事例も含めた様々な取組事例などの情報が数多く発信されており、それらの多くは教育現場でも十分応用できるものばかりです。より適切な判断のために、情報は大きな力になります。

教育DXやICT利活用に関して積極的に活動しているコミュニティに参加する方法があります。SNSのコミュニティでもかまわないでしょう。外部情報収集の効果だけでなく、従来とは別の集団に所属することで新たな自分の居場所となり、価値観や判断基準も広がります。従来の閉鎖的集団の同調圧力に気付き、距離を置くことにもつながります。

学習指導要領の理念は「社会に開かれた教育課程」です。中央教育審議会の答申では、この社会に開かれた教育課程について、「教育課程を通じて、子供たちが変化の激しい社会を生きるために必要な資質・能力とは何かを明確にし、教科等を学ぶ本質的な意義を大切にしつつ、教科等横断的な視点も持って育成を目指していくこと、社会とのつながりを重視しながら学校の特色づくりを図っていくこと、現実の社会との関わりの中で子供たち一人一人の豊かな学びを実現していくことが課題となっている」、「これらの課題を乗り越え、子供たちの日々の充実した生活を実現し、未来の創造を目指していくためには、学校が社会や世界と接点を持ちつつ、多様な人々とつながりを保ちながら学ぶことのできる、開かれた環境となることが不可欠である」とあります。

ＧＩＧＡスクールの意味、Global and Innovation Gateway for All を想起してほしいと思います。これからの学校の外部社会との扉がＩＣＴ、デジタル技術です。閉鎖性に陥ることなく、社会や世界との接点となる開かれた教育ＤＸに進む必要があります。

Ⅵ章

教育DXで越えるべき壁

～デジタル社会到来による壁～

1　主体性なき教育現場

－ＩＣＴに依存する教育の危険性

教育ＤＸの壁は、従来からの教育界の文化に根付くものだけではありません。この章では、デジタル技術、データ利活用の導入により新たに教育界が直面している壁を挙げてみます。それらは教育現場だけでなく、産業界や行政も迷走させています。

ＧＩＧＡスクールの進展に合わせて、様々な学習用ソフトウェアやサービスが一気に提供されるようになりました。従来から教育教材を提供していた企業に加え、EdTech 企業と呼ばれる新興企業も参入しています。

このような様々なソフトウェアやサービスは、一見ＩＣＴ利活用を手っ取り早く推進するものとして重宝されますが、様々な危険性も抱えています。

一つはデジタル教材や学習支援の安易な正解主義に傾く危険性です。

横並び文化の際にも触れましたが、中央教育審議会の令和三年一月の答申「『令和の日本型学校教育』の構築を目指して」では、「従来の社会構造の中で行われてきた『正解主義』や『同調圧力』

への偏りから脱却し、本来の日本型学校教育の持つ、授業において子供たちの思考を深める『発問』を重視してきたことや、子供一人一人の多様性と向き合いながら一つのチームとしての学びに高めていく、という強みを最大限に生かしていくことが重要」と強調されています。

しかし、民間企業から展開されているソフトウェアには、個人が正解を選択する形式に偏っているものが多くあります。このサービスが「ＡＩによる個別最適化学習」を標榜しながら更に展開されていくと、学校教育も安易に正解主義に流れてしまうのではないかとの懸念です。

0と1のデジタル技術が特に多岐式の正解選択と相性がよく、技術の蓄積もあるため企業がサービスを展開しやすい特性があるのも一つの理由です。しかし、現在の学習者、保護者がこのようなサービス、正解主義を求めているという事実も指摘しておく必要があります。多くの保護者、すなわち需要者の、学習者に一問でも多く正解を導くテクニックを得て、入試を乗り越え偏差値の高い学校へ進学してもらいたいというニーズが、このような民間サービスを大規模に展開させていると言ってもよいでしょう。

授業支援サービス等への安易な依存も危険性を抱えています。

このようなサービスを使うと、教師はじめ学校現場は、国の方針であるＩＣＴ利活用をなし遂げた気になります。しかし、従来のプリント配布が端末を通じた配布に変わっただけで、学びの姿は一斉授業といった従来どおりの型にとどまったままの教育現場が一定数存在するとの声が聞かれます。

本来、ＩＣＴの活用は令和の日本型学校教育への変革、教育のデジタルトランスフォーメーションをもたらすものです。その変革に進めないばかりか、逆に子供たちがそのサービスの機能の範疇に押し込められるという弊害さえもたらします。実際、ある大学では、社会一般で汎用的な標準ツールを使いこなすことができず、このような児童生徒向け授業支援ソフトウェアを希望する学生が出てきたとか。

そもそも、このようなサービスの基本的な機能の多くは、ＯＳごとの標準ツールにも備わっていることにも留意すべきです。導入に際しては、コストとともに、そのサービスが必須であるという明確な目的をもった上で、必要な場面で最大限活用することが望ましい姿と言えます。

これは一つの危うさですが、Ⅳ章では推論によるＡＩの分析結果そのものへ盲目的に従う危険性や、フィルターバブルなど、ビッグデータ分析のプライバシーへの影響にも触れました。これらも利用者の受け身による危険性の例です。

教育ＤＸの商流とＳＩｅｒ

企業と教育現場との関係はソフトウェアだけではありません。端末や通信インフラなどハードウェアもまとめて企業との関係で成り立っています。

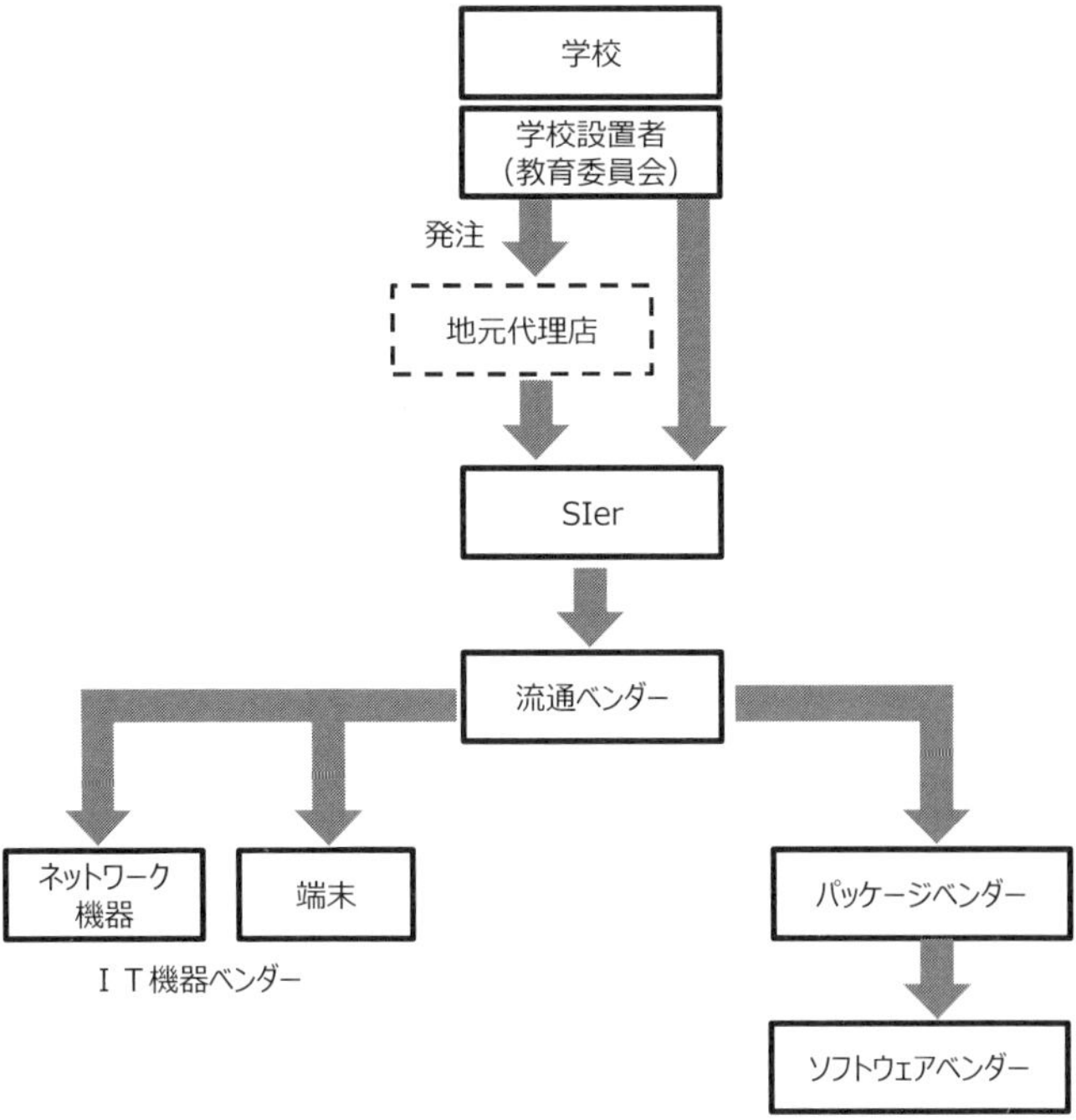

図VI-1　学校 ICT 環境整備のビジネスモデル例

図VI－1は、学校のＩＣＴ整備活用のビジネスモデル、商流の代表例です。ＳＩｅｒ（エスアイヤー）とは、システムインテグレータの略で、様々な業種の発注元のＩＴシステムのコンサルティングから設計、ハードソフトの選定、システム構築、更には運用サポートまでを一括して請け負う企業です。細かな請負内容などは各社異なり、実に様々な形態があるのですが、概ねこの商流構造は同じです。

教育界にはＩＴ技術に詳し

い人が稀なこともあり、現在の教育DXは実質このSIer、特に一次受けSIerの力量にかかっていると言えるでしょう。

実はSIerというのは日本独特の業種です。諸外国では大手企業のDXはIT技術者を自社職員として抱えているのですが、日本ではITが急拡大した一九九〇年代が不況時と重なったため、多くの企業がコスト削減のために外製化したことが、このような独特の業態となったきっかけと言われています。

このSIer、ITを専業とすることから、特に教育関係者は教育現場に対してもIT専門性に優れた最適な提案がなされると信じ込みがちですが、実はそうとは限りません。

筆者がGIGAスクール整備で、校内ネットワーク整備への国からの補助を担当した際、文部科学省が想定していた費用を大幅に上回る整備事例が全国各地で相次ぎ、多くの自治体から国の補助額では足りないという相談が相次ぎました。文部科学省で仕様書を取り寄せて実態を見ると、大手企業が整備するようなハイスペックな内容をそのまま学校に持ち込もうとして、高コストとなっているところが数多く見受けられました。

大手企業では業務の停滞を防ぐためにバックアップ回線整備などが多用されますが、学校では万一通信回線にトラブルがあれば、修理を待てばよいことになります。これだけでも大幅にコストを落とせるのですが、SIer側にコスト意識を含めた学校現場に対する理解が欠けていたため、取りあえずこれまで企業相手に培ってきたノウハウを単に学校に移植するという判断に至ります。端末整備についても、I章で触れたように、シンプルな端末への転換を強く訴えたつもりでした。しかし、実態は様々なソフトウェアを付随させたり保守管理を請け負ったりして、端末コストが高止まりする事例も多く見られました。

クラウド活用についても、自社では対応が難しい、本当はクラウドの安全性は低いなどという売込みとともに従来型のサーバー活用を提案する例まで見られたようです。校務ではいまだサーバー活用が大勢なのが現状です。

SIerはじめ企業が適切な教育DXに対応できない原因は何でしょうか。

ビジネスモデルが抱える構造的問題

まずはこれまで教育界と取引のなかったSIer側の教育現場への知識不足、逆に従来から学校と取引のあった代理店側の圧倒的なITの知識不足が挙げられます。このギャップはいまだ解消されてはいません。ただし、これだけではありません。ビジネスモデルにおける構造的な問題も抱えています。

これまで多くのSIerのビジネスモデルは、初期導入の費用に加え、保守管理で継続的に利益を挙げるというものでした。端末に様々なソフトウェアをインストールした上での保守管理、更に自前でデータ保存用サーバーを整備し保守管理を受注すれば、その分継続的な収益が発生していました。

現在、特にクラウドが急拡大する中、ＳＩｅｒ業界も業務構造の立て直しが叫ばれています。しかし、多くのＳＩｅｒはこの旧来型ビジネスモデルから抜け出せない中で、何とか継続的な収益を見いだそうとしているのです。

加えて、ＳＩｅｒと販売業者（ベンダー）との間、またベンダー内の強い系列の存在が問題となることがあります。この系列のため、ＳＩｅｒ任せにすると系列企業の馴染みの機器やソフトウェアが使われがちになります。特に、機器やシステムが特定の企業の独自製品に集中してしまうと、サービスや保守管理もその企業関連を使わざるを得ないばかりか、サービスや機器の更新もその企業に限定されてしまうということも起こります。Ⅳ章の情報プラットフォームでも触れましたが、このようにベンダーが固定化される状況はベンダーロックインと呼ばれ、ＳＩｅｒや販売業者には大きなメリットですが、コスト高やサービス利用の制限などを引き起こすため、すでに様々な分野で、継続的にＤＸを進める上での足かせとされています。

教育分野でも、教育ベンダーと呼ばれる教育関係を中心に展開する企業があります。ＳＩｅｒの役割を兼ねていることもありますが、教育ベンダーの主なビジネスモデルは、ＳＩｅｒを介した様々なソフトウェアの展開です。更にはデータ駆動型教育の本格到来に備え、ソフトウェアを通じて得られる教育データ利活用への参入の取組も見られます。

コストや安全性に対する意識

ＧＩＧＡスクール構想の進展とともに、学校現場や教育委員会には、何とか自社が勧める製品を先に展開しようと激しい売込みが続いています。これは、他社の製品より先に導入を実現することで、その後の継続的な利益につなげるとともに、自社の製品へのロックインを実現しようとしている構造があります。更にはデータを囲い込みたい思惑も見て取れます。

この激しい売込みが教育ＤＸ市場に混乱を招いています。

懸念の一つはコストです。一例が、「当面無料」「お試し期間」との言葉だけで製品を導入してしまい、無料期間終了後に思った以上の多額の費用を請求され、教育現場が行き詰まるといった事態です。個人消費はともかく、他のビジネス分野ではこのようなトラブルはほとんど見られなくなっています。これは、ＩＣＴ投資を、導入のみならず運用、維持・管理から廃棄まで、ライフサイクルを通して必要となる総費用（ＴＣＯ：総所得コスト）を基に判断することが、民間企業など組織経営にとって当然との認識が共有されてきているためです。

公教育は多くが自治体や国の税金が原資であり、私教育では授業料などに転嫁されるため、普段教育に追われる学校現場ではコスト意識が届きにくかったのかもしれません。従来購入していた教具などは多くが買取りなど一回限りの支出だったことも一因でしょう。

今の教育界では、この消費者たる教育現場のコスト意識の低さが、あえて刺激的な表現をすると「いいカモにされている」実態に気付いてほしいと思います。これからの教育DXは、教育現場も企業と正面から向き合い続けることになります。社会の一員として、最低限のコスト意識が求められます。

個人情報保護にも懸念があります。本来教育データは子供のものです。どう利活用するかは、本人、保護者がメリット・デメリットを理解して判断すべきものです。しかし、個人情報保護への理解が十分でない教育現場で、民間企業が勧めるまま交わした製品導入の契約書に、民間企業が自由に個人データ利用を可能とする規定を設けているといった事例がすでに見られつつあります。

ハードウェア、ソフトウェアともに勧められるまま購入したことで、欠陥製品が導入されたり、通信のボトルネックが生じたりしているのも弊害です。先に触れたベンダーロックインにより、その後導入を希望する製品が入れられないといった弊害も懸念されます。

「国の言うこと」の意味

「国が推奨する」といった言葉にも注意が必要です。

国の方向性に沿うために必要だという製品の売込みも散見されます。教育委員会や学校現場の中には、「国が言っているのなら」と、勧められるまま導入する姿もあるようです。

確かに文部科学省はじめ政府は、様々なガイドラインや事務連絡などでＩＣＴに関係した方向性を出すことがあります。ただし、それら多くは、あくまで将来の姿に向けたアイデアや方向性にとどまります。その方向性が個別製品やサービスに結び付けられるのです。

そもそも国は、教育論や学校の在り方自体については、学習指導要領はじめ検討を尽くします。しかし、デジタル技術はそれを実現する一手段であり、国の出す情報も絶対ではありません。デジタル技術の日々の変化に迅速に対応するためにも、現場の判断も尊重されるべきです。

このスピード感の違いは教育に限りません。従来のソフトウェア開発は、事前に全ての機能を確定してから全体をつくり上げていたのですが、徐々にデジタル技術の急激な変化に対応しきれなくなってきました。このため、小さく分割して試行錯誤を繰り返しながらよりよいものに価値を高めていく方法が開発されてきました。アジャイル開発と呼ばれますが、教育ＤＸもこのアジャイルの概念で、随時ユーザーに評価されながらよりよいものに改良されていくのが健全な姿と言えます。

かつて教育ＩＣＴでも、「文部科学省の方針」という言葉に教育現場が過剰に反応させられてしまった例がありました。ＧＩＧＡスクール構想前の平成二九（二〇一七）年、初めての教育情報セキュリティポリシーガイドラインの策定です。「国がセキュリティを万全にせよと言っている、この製品で対応すれば万全」とのフレーズの下で、多くの教育現場が過剰なまでのセキュリティ対応を措置した結果、多くの学校が満足に外部と通信もできない状況に陥りました。

「国が推奨する」と言われるものでも、無条件に導入するのではなく、先の必要性やコストなどを吟味して教育現場が判断してください。遠慮は無用です。むしろ疑問や懸念の声を上げることが、アジャイルでの改善につながります。

実際に教育現場からの声が政府の改善につながった例として、Ⅳ章で触れた情報プラットフォームに関する民間サービスが挙げられます。令和四（二〇二二）年八月に、国の全国学力・学習状況調査のＣＢＴ化実証の中で、個人情報の扱いについて複数の教育委員会から懸念の声が上がりました。その声を受け、政府は秋になって改めて、当面は民間企業にはサービスを通じた個人データ取得をさせないとの方向性を示すに至っています。

教育現場が主導権を握るために

このような危険性から、民間企業の製品やサービスは学校教育と相容れないとの単純な二項対立の構図をつくってしまうことは適切ではありません。むしろ様々な製品やサービスが学びに効果的な場面はいくらでもあります。

これまで例に挙げたような不適切な事例は、教育現場が明確な教育ビジョンやＩＣＴ利活用戦略、コスト意識、また個人情報保護など最低限の情報モラルに欠ける中、企業に勧められるまま製品に頼りきってしまった結果です。更には、教育現場にこれまでほとんど企業との付き合いがなかったことから、民間企業の営利活動への理解の欠如と根拠のない性善説も見られます。

教育現場がいつまでも企業など他人に任せきりにしていては、とてもまともな教育ＤＸの実現は叶いません。特に混沌とした中では、教育の現状を最もよく知る教育現場が主導権を握り、企業活動を誘導することで最適なＤＸにつなげる必要があります。

そのためには、教育現場は製品やサービス導入の検討に際して、

・目指す教育の姿を実現するために必ず必要なものか
・将来にわたり必要経費を負担できるか
・教職員の手間などを増やさず皆が便利さを実感できるか
・個人情報保護や情報セキュリティなど安全対策は納得できるものか

など徹底的に吟味し、不安だと思ったら躊躇なくＮｏと言う姿勢が求められます。

他分野では、これに類した評価検討はＩＣＴシステム導入のイロハとしてすでに広く実践されています。このようなプロセスを各教育現場でも実践することこそが、自由な競争を通じて皆で教育ＤＸを築き上げていく健全な過程と言えます。

2　民間企業の利益至上主義

公教育市場の現実

このように教育現場で激しい売込みが続き、混乱している大きな原因は何でしょうか。

そこには、教育DX市場の急激な変化に、教育現場のみならず市場も対応できておらず、いまだにまともなビジネスモデルが成り立っていないことへの各企業の不安と焦りも見え隠れしています。

GIGAスクール構想で学校のICT環境が劇的に変化する中、学校を市場とする教育ICT事業は、大きく広がると誰もが思いました。未開拓市場、ブルーオーシャンとして数多くの企業が乗り出してきました。それ自体は喜ばしいことです。

しかし、その収入源については、どこまで見通しがあったでしょうか。

文部科学省は、地方公共団体から支出された学校教育費について、毎年全数調査を行っています。令和元年度に支出された学校教育費は総額一三兆八一六七億円と、前年度より三七六三億円の増です。それまで数年間は、学校教育費は一三兆五〇〇〇億円前後で推移していましたので、近年にない伸びです。財源を見ると国庫補助金が七〇四億円の伸びの他、地方債が二一一〇億円、市町村支出金が一二九四億円の伸びと、これらが増分に寄与していることが分かります。令和元年度は、国からGIGAスクール構想の端末と校内LAN整備への自治体への補助がなされた年です。加えて校内LAN整備では、自治体は地方債である補正予算債を活用すれば自己負担が軽減されたことから、多くの自治体がこの地方債を活用したことが読み取れます。

国からの補助を翌令和二年度に繰り越した自治体も多く、令和二年度の学校教育費総額は一四兆一六三一億円と三四六四億円の伸び、うち国庫支出金が二八〇七億円の伸びと、補助金繰り越しによる整備が続いていることが見て取れます。

これが令和三年度は一三兆六三五八億円と、コロナ禍前の水準まで戻っています。校内LAN整備や一斉端末導入のほか、経済産業省の EdTech 補助金など、初期導入に対する国からの大規模な支援措置が一段落するにつれ、学校教育費も従前のレベルに落ち着きつつあります。教育費は学校のICT化に伴い純粋に増加するというよりも、国からの補助金に大きく左右されているのが実状です。

実際にこの影響も見え始めています。

民間の矢野経済研究所の調査によれば、デジタル教育コンテンツ市場は令和二（二〇二〇）年度を境にその規模を大きく拡大し、令和四（二〇二二）年度は前年度比一一・一％増の六三二億円となっています。しかし、令和五年度からは経済産業省の補助金の終了で、予算を捻出できない自治体や学校でブレーキがかかるなど予想されています（図Ⅵ－2）。同様にeラーニング市場も伸びの鈍化が見られます（図Ⅵ－3）。

GIGAスクール構想での予算構造の理念と現実

Ⅱ章では、GIGAスクール構想以前から、教育のICT環境整備に向けて、国から単年度一八〇五億円の大規模な地方財政措置がなされてきたにもかかわらず、多くの自治体で十分整備につながってこなかった旨に触れました。高齢化社会の中で福祉予算など他の予算への負担も重くのしかかる公的財政の中では、各自治体で学校教育への大規模な予算増に議会や首長の理解を得るにはおのずと限界もありました。

GIGAスクール構想の整備の理念は、まず国の補助で実現する初期整備の姿は、維持管理のような後年度に必要となる経費を徹底的に抑えられるようにするというものでした。そうすれば、その後の負担が設置者負担原則に基づき自治体、あるいは個人となっても必要な経費を捻出できるであろうと考えたのです。

こうして学校現場で自律的にICTを維持管理・活用できる環境とすることで、初めて学校現場にICTを根付かせられると考えました。その整備の姿が、高速大容量ネットワーク、クラウド活用と端末OSだけで最低限実現する教育だったのです。

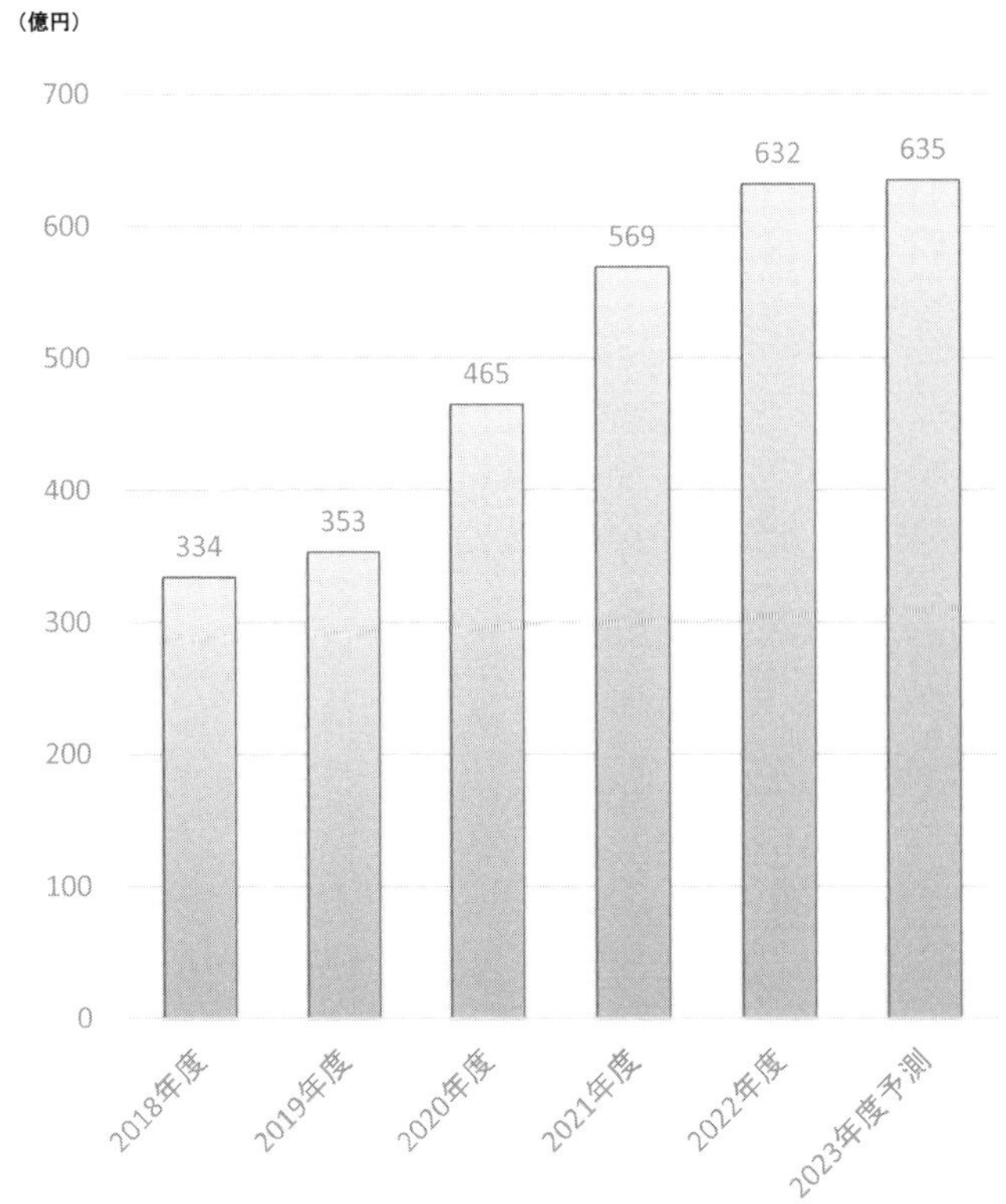

事業者売上高ベース

学校や学習塾・予備校等の教育機関・法人に向けて提供される「映像授業」「デジタル教材」「授業・学習支援ツール」の３分野を対象

図Ⅵ-２　デジタル教育コンテンツ市場規模推移

出典：株式会社矢野経済研究所「デジタル教育コンテンツ市場に関する調査」(2021年)（2023 年）2022 年 4 月 7 日、2023 年 7 月 13 日発表

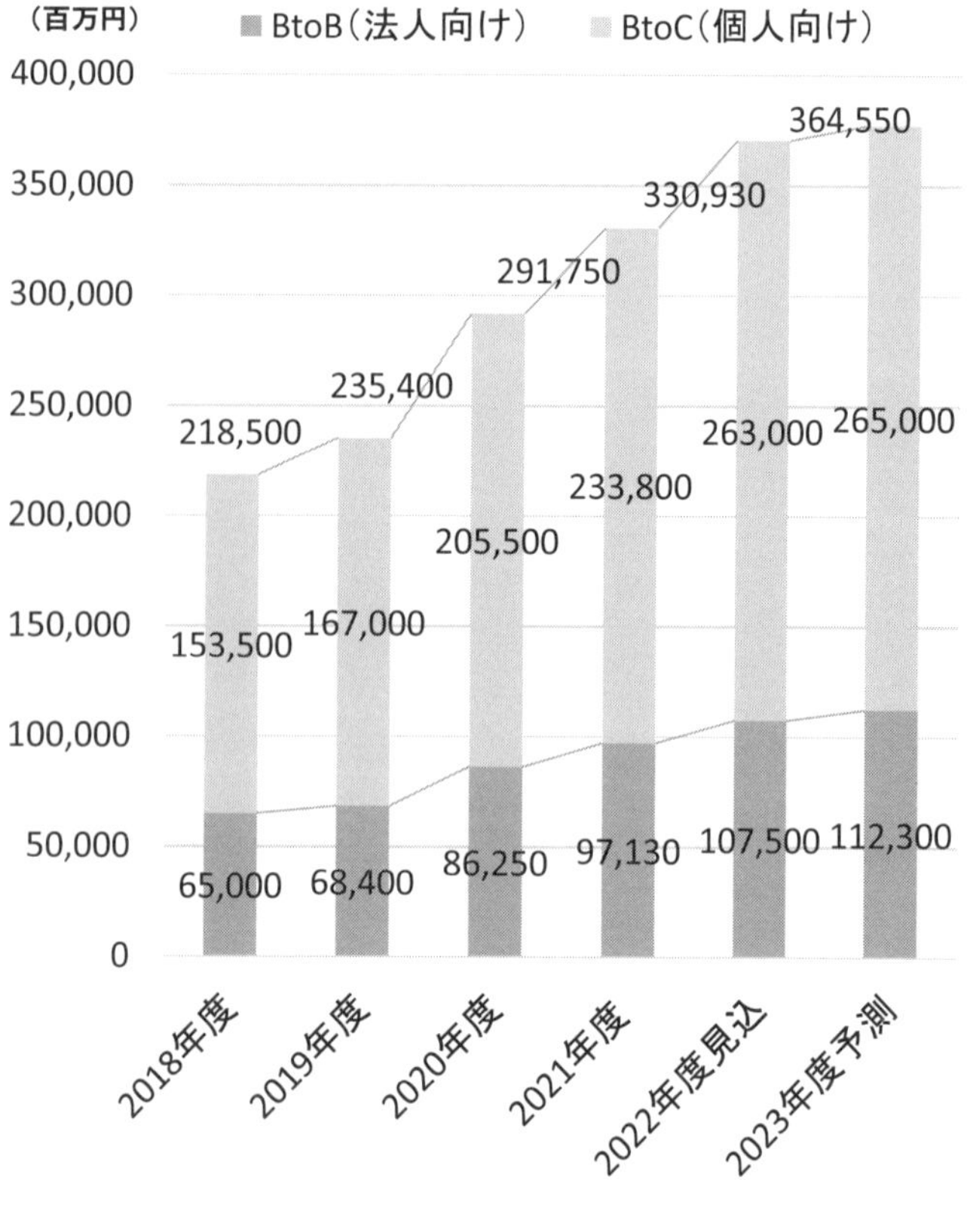

図Ⅵ-3　国内におけるｅラーニング市場規模の推移と予測

出典：株式会社矢野経済研究所「e ラーニング市場に関する調査」(2022 年) 及び (2023 年) 2022 年 4 月 12 日及び 2023 年 4 月 11 日発表

ところが、この当初の理念と異なり、多くの教育現場では、残念ながら最初の端末更新までに持続的・自律的な経費負担の構造には至りませんでした。やむを得ず、令和五年度には端末の更新にも国から補助がなされることになりましたが、いつまでも補助金頼りでは継続的な教育DXの実現は困難です。端末更新の補助金を最大限活用しつつも、学校設置者には補助金のみに頼る経費負担構造から早急に脱却していく道筋が強く求められます。

公教育での教育ICT経費確保策

このような教育現場の状況を見るに、教育DX市場を他分野と同様の志向性を有する自由市場と捉えることは適切とは言えません。補助金頼りでない持続的な教育DXを展開するため、産業界も教育現場と共に様々な努力が必要です。

まずは、従来の教育現場で必要だったアナログをデジタルで代替することで、アナログ関係の経費をICT経費に振り替えるような支出の見直しが考えられます。ただし、多くの教育現場では、従前はアナログでも必要経費は不十分で、不足分は多くが教職員の献身的な努力によって支えられていたと言えるでしょう。従来の教育総予算内に、デジタル化に十分に振り向けられるだけの予算があるとは思えません。

限られた予算を振り向けるためには、デジタル化により、従来よりも質や利便性を向上させる必要があることは言うまでもありません。現在複数の教育関係者から「従来の紙の教材は、長年の経験の蓄積から子供たちの弱点や関心をよく捉えて奥が深いが、最近のデジタルコンテンツは内容が薄い」という厳しい声が聞かれます。デジタル製品は単に技術的な代替に甘んじることなく、内容の充実強化が必須です。

二つ目には教育ＩＣＴに必要な支出分の中での最適化が挙げられます。

地方財政措置は、三クラスに一クラス分の従来型の端末や、自前でのサーバー運用などの姿を前提とすれば、標準的な小・中学校一校当たり六〇〇万円前後、高等学校で約四三〇万円、特別支援学校で約五七〇万円措置されている計算となります。これがシンプルな端末、安価なクラウド利用など、ＧＩＧＡスクール構想の方向性を徹底すればどうでしょう。大きな予算増を避け、従来の教育ＩＣＴ予算内での構造を変えることで対処できるはずです。

これが今後とも続くＩＣＴ技術の急速な進展で、より安価な端末や効率的なシステム運用となれば更に可能性が広がります。加えて、教育だけのシステム基盤や通信確保にとどまることなく、これから急速に進む公的セクター全体のＤＸとの一体的な整備運用を行うことで、更に効率化に向けた展開が期待されます。

当初のＧＩＧＡスクール構想は、最も現実的な予算の確保として、このような地方財政措置分の最適化を目指していました。しかし、国からの補助金頼みから抜けられないのも、この意識が十分共有されていないためと言えるでしょう。実現には、教育ICT内でどの製品やサービスが最低限必要なのか、最適化の姿に向けた各学校現場での目利きが必要になります。

三つ目として、教育DXへの公的支出を純粋に増やす取組ももちろん考えられます。難易度は上がりますが、そのためには、学校でICTを徹底的に利活用し、その有用性や必要性を何より教職員や学習者、保護者や地域が実感できることが大前提です。その上で、公教育であればその効果を基にいかに行政に働きかけることができるかにかかっているでしょう。

家計での教育費

教育ICT環境の整備や維持管理には、他の学用品に見られるような、個人による負担の姿も考えられます。

文部科学省では、子供を公立又は私立の幼稚園、小学校、中学校、高等学校（全日制）に通学させている保護者が、子供の学校教育及び学校外活動のために支出した一年間の経費の実態を捉える「子供の学習費調査」を、平成六年度より抽出形式でほぼ隔年で実施しています。表Ⅵ－1は令和三年度の調査結果から抜粋したものです。

費用負担に限ったものではありませんが、日本で子供の問題と高齢者の問題について意識調査をすると、子供問題は私的責任と公的責任が拮抗する一方、高齢者問題は圧倒的に公的責任を求める

表Ⅵ-１　学校種別学習費

（円）

	小学校		中学校		高等学校（全日制）	
	公立	私立	公立	私立	公立	私立
生徒数割合	98.7%	1.3%	92.3%	7.7%	65.6%	34.4%
学校教育費	65,974	961,013	132,349	1,061,350	309,261	750,362
うち 図書・学用品・実習材料	24,286	49,932	32,368	68,578	53,103	64,259
学校給食費	39,010	45,139	37,670	7,227		
学校外活動費	247,582	660,797	368,780	367,776	203,710	304,082
うち 補助学習費	120,499	377,663	303,136	262,322	171,3775	246,639
うち家庭内学習費	14,398	42,699	16,276	40,028	22,640	31,786
通信教育家庭教師費等	23,237	52,946	29,379	36,964	16,301	26,530
学習塾費	81,158	273,629	250,196	175,435	120,397	171,149
その他	1,706	8,389	7,285	9,895	12,039	17,174

出典：文部科学省「令和３年度子供の学習費調査」

割合が高い傾向があります。高齢者負担に比べ、教育費は私的負担をやむを得ないと感じている傾向が見て取れると言えます。実際、日本はＯＥＣＤ諸国の中で教育費の私的負担の割合が高い国です。

国でも子供・子育て対策への予算の確保が進んでいる中で、長期的にはこの意識も変わっていくことも考えられます。

個人負担か公費負担か

個人消費からの支出は、家計全体の中から既存の学習費の中での最適化となると考えらえます。ハードウェア、ソフトウェアいずれもデジタル教育に関係する支出の比重が高まる可能性が大きいと言えます。公的負担同様に、教育ＤＸによる効果を受益者が実感できることが大前提です。

端末も学びに必要な文具として根付けば、他の教材や学用品同様家庭で揃えることも考えられます。家庭で購入して教育現場に持参することはＢＹＯＤ（Bring Your Own Device）と言われますが、その中でも購入する端末を学校が指定するＢＹＡＤ（Bring Your Assigned Device）、また学校が複数の端末を提示しその中から選択するＣＹＯＤ（Choose Your Own Device）といったアイデアも出され、私立学校等、ＩＣＴを先行してきた学校ではすでに実践されています。

端末をはじめとする教育ＤＸ関連費を公費負担か個人負担か、各自治体で状況は異なる中、判断していく必要があります。その判断の際にも絶対に外せないのは、継続的な負担の担保です。収益源をどう確保するか、見極めが必要です。

カスタマーサクセス

Ⅱ章で紹介したかつてのスクール・ニューディールは「焼畑農業」のようだったと揶揄されることがあります。一部の民間企業が補助金目当てに学校に高価格の製品を売り込み、企業は潤ったものの多くの学校には使われない装置だけが残った様子が、あたかも収穫後に焼き払われた荒地が残るだけという姿に重ねられた比喩です。

今回のＧＩＧＡスクールがどうなるか、分岐点です。企業が製品やサービス導入だけを急かすばかりでは、その後学校現場が十分使いこなせなかったり、経費の持続性が担保できなかったりで、再び無駄が積み重なることとなります。教育DX自体が停滞し、瓦解する懸念があります。それは学校側にも企業側にも不幸に終わります。

教育DXによる新たな学びの姿が社会全体でつくり上げられていく中では、産業界、民間企業も教育DXに責任をもつプレーヤーとして、ビジネスモデルの変革が求められます。

その一つがカスタマーサクセスへの転換です。

社会全般において、製品だけでの差別化が難しくなっている中、機能や性能重視でなく、カスタマー、つまり顧客が望む体験を実現するためのプロセス、カスタマーサクセスが重視されつつあります。このためにはカスタマーへの能動的なアプローチが鍵になります。

前節では教育現場の、より主体的な役割への期待について述べましたが、産業界では、その教育現場が発信するニーズに対する能動的なアプローチへの転換が求められます。これがカスタマーサクセスへの一歩であり、より利用者が便利さを実感することにつながります。先のスクールニューディールの失敗は、当時カスタマーサクセスの視点が十分意識されていなかった結果と言えます。

大前提として、企業がICT技術に精通しておくことが必要なのは言うまでもありません。顧客のニーズに応えるため、クラウドやネットワーク技術など、技術の進展が著しいICT分野の最新動向をいち早くつかみ、ビジネスに取り入れ続けていく力も求められます。

オープンデータによるイノベーション

「データ」に目を向けると、まずは個人情報の扱いや情報セキュリティなど、最低限のモラルはデータを扱う上での大前提です。安全、安心があって初めてデータ活用が現場に受け入れられます。

その上で、これまで触れてきたデータが創造する価値を踏まえて、データ以前のビジネスモデルからの抜本的な転換が必要です。それは「データを囲い込むのではなく、個人がデータを管理しつつ、データを共有する社会へ」です。経済産業省産業構造審議会においても指摘されている考え方です。

これは、企業がそれぞれ収集したデータの共有、交換等により多くの企業で様々なデータの組合せを担保することで、新たな価値の創造につなげるというものです。このような考えはオープンデータと呼ばれ、いまやイノベーションの源泉として各分野で実践されています。

デジタルデータは原本を残したままでいくらでも複製できます。また、データは分析して活用することで付加価値が向上します。DXが先行する研究開発分野や公共分野ではこのオープンデータ化が進んでいるものの、日本の企業の中には自社が集積したデータを自社の知的財産と見るイメージが拭い切れず、今でもデータを囲い込もうとするビジネスモデルが見られます。

特にICTビジネスが十分浸透してこなかった教育分野では多く見られ、製品によっては囲い込みを加速する危険性もあります。日本全国の教育の質の向上には、個人情報保護やセキュリティと合わせて教育分野に合ったオープンデータの意識の醸成と浸透が求められます。

産業構造のＤＸ

政府はデジタル社会の目指すビジョンとして「一人一人のニーズに合ったサービスを選ぶことができ、多様な幸せが実現できる社会」という人間中心のデジタル化を打ち出しました。あらゆる政策がこの考えに沿って進んでおり、教育のデジタル化についても「誰もが、いつでもどこからでも、誰とでも、自分らしく学べる社会」をミッションとしています。人が中心の教育の姿に変わりつつあります。

このような社会全体のＤＸの中で、産業界の方向性を見事に解き明かしているのが、経済産業省の商務情報政策局長等を経験された西山圭太東京大学客員教授の著書『ＤＸの思考法』です。様々示唆に富むこの本の中で、教育分野での筆者の捉えを図Ⅵ－４で模式的に示してみました。

デジタルにより学習者中心の社会へと変化していくにつれ、教育が学校や学習塾、教材ごとという縦軸から、個人の学びという横の層（レイヤー）へ移行していくことになります。またそれを一体的に支える基盤も横串のレイヤーと言えるかもしれません。これからの事業を横のレイヤー中心とすることで、一人一人のニーズに合った教育の実現に向かうこととなります。

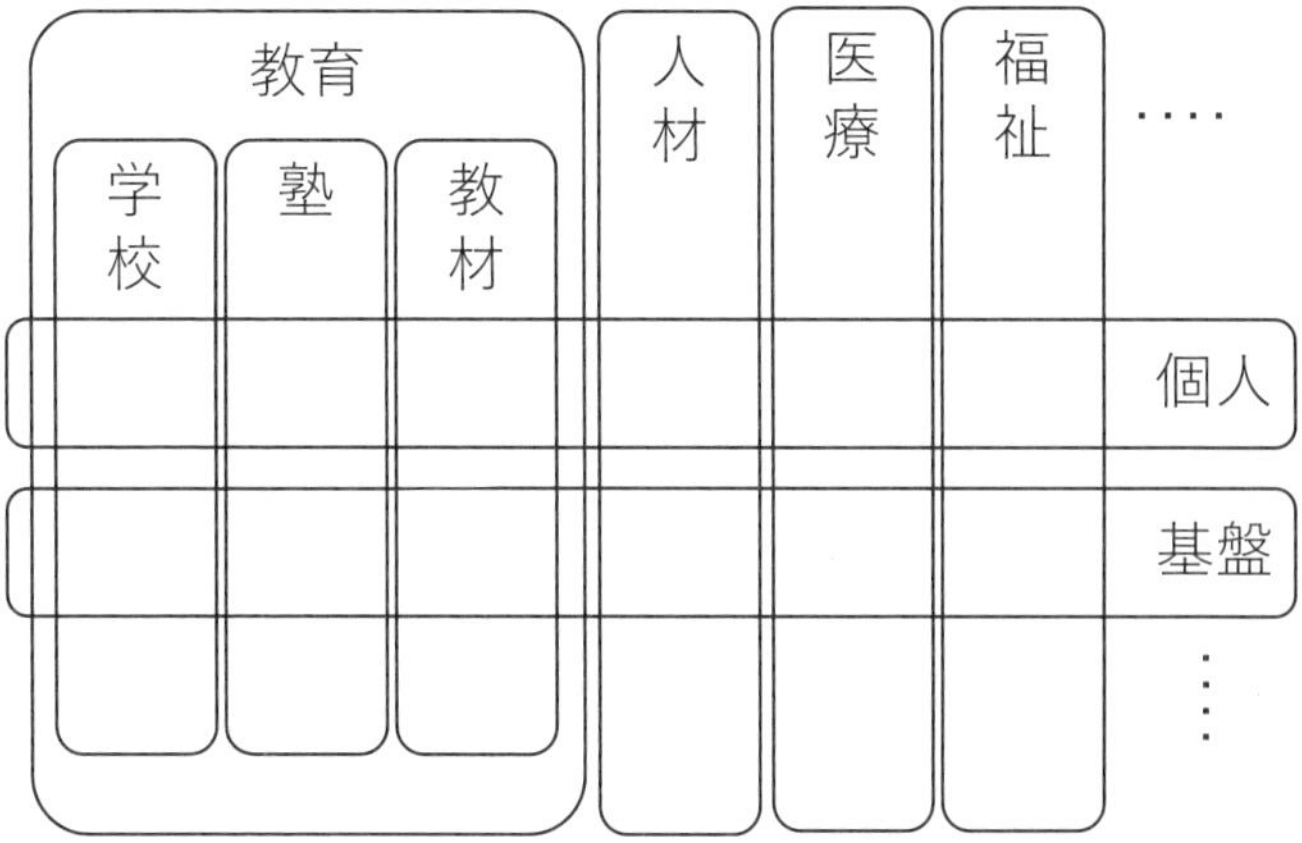

図Ⅵ-4　教育 DX におけるビジネスの縦軸と横レイヤー

このような変化への対応は、ＳＩｅｒや教育ベンダーにも求められます。教育系企業の中には、ＤＸの荒波が押し寄せる中、この図Ⅵ－４の縦軸市場を何とか守ろうとするあまり、慣れないデジタル技術を自社が抱えようと試行錯誤する事業展開が見られます。縦軸にとらわれたままだと、デジタルの技術動向や個人情報保護の潮流など横軸への対応が失われがちになります。

一方で情報プラットフォームや非認知能力の把握など、他分野では教育にも共通するビジネスモデルですでに強みをもつ事業が多くあります。デジタル技術や個人情報保護の知見も他分野には豊富にあります。従来の枠にとらわれることなく、これらの事業との協力関係を構築すれば、個人を支えるシステムとなる可能性もあります。

企業には、縦軸と横のレイヤーを意識しながら、自社の強みはどこなのか、再分析が望まれます。この図のレイヤーは単純化していますが、実は様々な軸があるはずです。先に触れた、紙のコンテンツよりデジタルは内容が薄いという声も、カスタマーから見た企業の強みと弱みでしょう。弱い部分は思い切って他企業のリソースを活用しながら新しい教育ＤＸに対応していってほしいとも思います。それが業界自体の最適化、教育界全体の閉鎖性の解消につながり、令和の健全な日本型教育産業としてあるべき方向性になると考えます。

3　教育ＤＸを支える人材不足

ＩＴ人材の不足と偏在

教育でのＩＣＴ利活用が進み、教育データ利活用へと進んでいく一方で、この章ではこれまで、学校や教育委員会など教育現場が主導権を握るための教育像や戦略、また個人情報保護など情報モラルの必要性に触れました。

現状の混乱を抜け出しつつ、今後の教育ＤＸを健全に発展させていくためには、教育ＤＸに伴う明確な教育像と利活用戦略が必要です。このためには本来、教育の知識・経験のみならずＩＴ技術からモラルに至る幅広い知識が必要です。しかし、今の教育委員会や学校現場の体制では、どうしても限界があります。

まずはICT支援員からの支援が思い浮かぶと思います。ただしICT支援員は、日々の授業における活用支援などが主な役割とされ、ニーズも多い中、多くの自治体ではそもそも人員数も十分とは言えません。長期的には教育委員会自らがITやデジタルに関する高度な知識をもつ人材を直接雇用する必要があります。

いまや教育に限らず、あらゆる分野でデジタル化が急速に進んでいます。ところが日本では、このデジタル化を支えるべき理系人材の割合が、諸外国に比べて低いという弱点がありました。このため、文部科学省では、デジタルのような成長分野の人材育成のため、大学や高専がこのような分野への学部再編を進められるよう、令和四年度補正予算で三〇〇〇億円措置し、様々な支援策を講じています。これを受け、多くの大学では従来の学部から情報技術関係の学部への再編が進んでいます。

また、人材の偏在の問題もあります。令和三年情報通信白書でも、ICT人材の不足とともに偏在が指摘されています。

人材の偏在は、SIerについて説明した際にも触れました。図Ⅵ－5は情報処理通信機構がまとめた二〇一七年版IT人材白書から抜粋した各国比較のデータですが、非IT系の企業がIT人

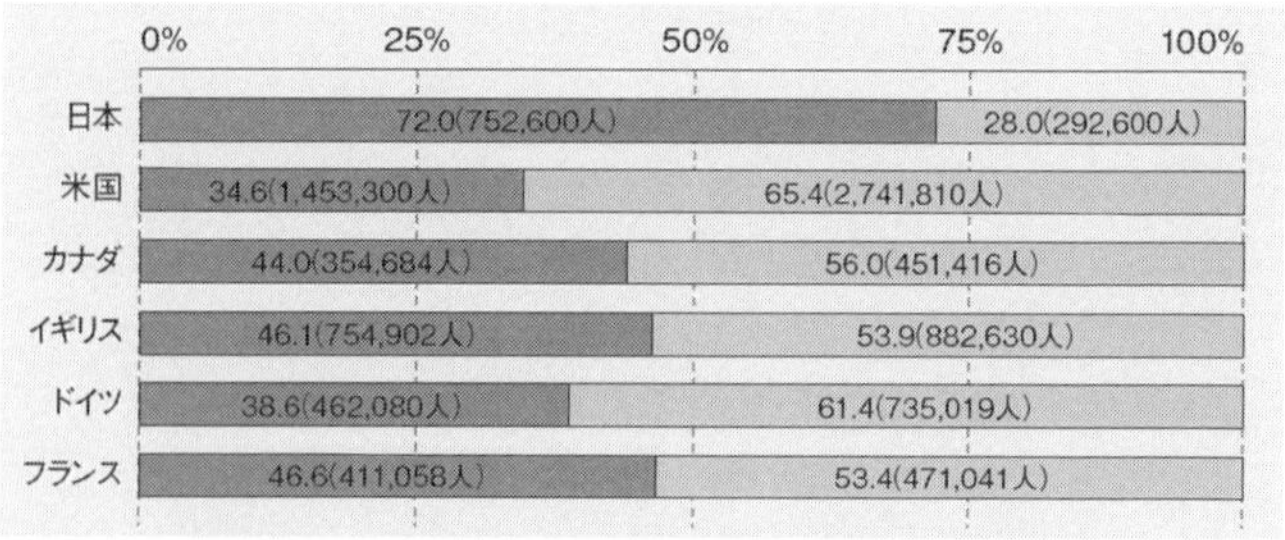

図Ⅵ-5　IT 企業とそれ以外の企業に所属する情報処理・通信に携わる人の割合（日本、米国、イギリス、ドイツ、フランス：2015 年、カナダ：2014 年）

出典：情報処理推進機構「IT 人材白書 2017」

材を多く抱えている一方、日本ではＳＩｅｒという独特の業種も影響し、人材がＩＴ企業に集中していることが見て取れます。あらゆる分野がデジタル化していく中、それぞれの分野の中でＩＴスキルを使いこなす人材が必要です。

すでにあらゆる分野で、限られたＩＴ人材の争奪戦が始まっています。今やＩＴ人材は大変な売り手市場となっています。

当然教育分野でのＩＴ人材の必要性も例に漏れません。教育界でも、最新技術の動向を的確に把握しながら、教育現場の側に立って適切なシステム設計や導入提案をはじめとする戦略を立案できる人材が求められます。

各自治体では、一時的には特定のＩＴ企業からの派遣出向の形もあるかもしれませんが、必ず導入企業と異なる第三者として評価できる目線が望まれます。ＩＴ企業での経験を積んだシニア層の中途採用などの可能性もあるでしょう。

国は必要な人材が必要な場所で活躍できるよう、リスキリング、学び直しも進めています、教育関係の社会人がリスキリングで情報技術を身に付けることも十分考えられますし、あるいはその逆もあり得ます。

小規模な自治体で個別に人材確保が難しいようなら、複数の自治体共同での対処も考えられます。

データサイエンス人材

教育がデータ駆動型に向かう中では、教育のデータサイエンスを実現する人材も必要とされます。そもそもデータサイエンスを支える人物像とはどのようなものでしょうか。

日本データサイエンティスト協会は、データサイエンスに必要な三つの要素として、データサイエンス力、データエンジニアリング力、ビジネス力を挙げています。

データサイエンス力とは、情報処理や人工知能、統計学などの情報科学系の知恵を理解し、使う力、データエンジニアリング力とは、データサイエンスを意味のある形に使えるようにサービスへの実装やシステムの運用を行う力、ビジネス力とは課題背景を理解した上でビジネス課題を整理し、解決する力とされています。

他のＩＴ人材同様、あらゆる分野にこの三要素をもつ人材の確保が急がれています。

これを教育分野に当てはめて、教育データ利活用に必要な三要素を図Ⅵ－6に筆者なりに図示してみました。すでに教育ＤＸが進んでいる中では、ＩＴ人材としてこのバランスの取れた人材の育

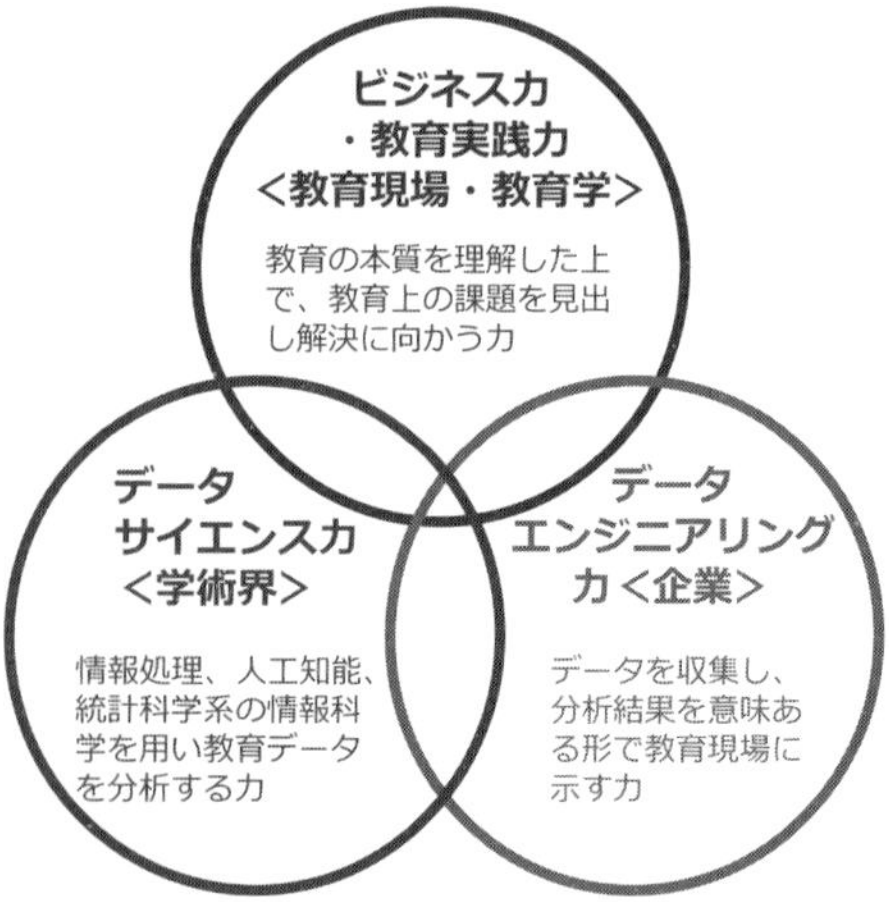
ビジネス力
・教育実践力
<教育現場・教育学>
教育の本質を理解した上で、教育上の課題を見出し解決に向かう力
データサイエンス力
<学術界>
情報処理、人工知能、統計科学系の情報科学を用い教育データを分析する力
データエンジニアリング力<企業>
データを収集し、分析結果を意味ある形で教育現場に示す力

図Ⅵ-6　教育データサイエンスに必要な3要素

成と教育現場での確保を急ぐ必要があります。

ただ、人材確保、特に人材育成には時間を要します。更に、売り手市場の中、教育分野は条件的にも不利なのも事実です。当面はそれぞれの要素に強みをもつ者の連携、融合が現実的かもしれません。

データサイエンスに関しては、ラーニングアナリティクスを先頭に学術界への期待が挙げられます。しかし、現時点でそれらの進展は微々たるものです。むしろ本来期待されるべき多くの学術界の研究者が、教育現場へのＩＣＴ利活用の普及啓発にあまりに忙しく、データサイエンスが後手に回っているように見えます。

データエンジニアリングについては、システムへの実装、運用など主に企業にその役割が期待されます。しかし、従来の教育産業界にもデータ利活用の分野の知見が十分蓄積されていなかったことに加え、先に触れた囲い込み、カスタマーサクセスや個人情報に対するモラルへの理解が追い付いていないなどの混乱もあり、とても順調とは言えません。先行する他の分野の知見の活用も求められます。

ビジネス力、つまり教育における課題を認識して新たな価値創造につなげることはどうでしょうか。教育が抱える課題などは教育現場が一番理解しており、課題設定など教育現場が主導すべきです。先進的な教育委員会などでは挑戦が始まっていますが、多くの教育現場、更に教育学分野では残念ながらデータサイエンスが秘める可能性がまだ浸透していません。

皆が同じ方向を向いて少しでも歩みを進める必要があります。

行政の業務と人材

自治体や国レベルでも、教育DXを教育とデジタル技術双方から携わることのできる人材が求められます。

義務教育ではこれまで、自治体は設置している学校、国はその自治体や学校設置者を直接の対象とした行政でした。自治体も多くは教育を専門とする教育委員会、教育部局が中心で、産業界との接点が少なく、業務での連携の経験実績もほとんどないのが実情です。

自治体でもデジタル化が進んでいます。デジタル田園都市国家構想など国も様々支援しており、教育以外の分野でも様々な取組が急速に進んでいます。これまで触れてきた教育でのデータサイエンスだけでなく、前節にあった縦軸と横軸の産業界のＤＸのイメージをここでも念頭に、教育部局が他との連携、広がりをもつためのＩＴ人材の確保育成が必要な時代です。

政府も同様です。産業界との具体的な連携は大きな課題です。これまで高校生のための学びの基礎診断などで民間活用が始まる一方で、大学入試改革における民間活用では混乱もありました。

政府に対しては厳しい声もあります。教育行政学が専門の東北大学の青木栄一教授は、その著書の中で、大学入試改革のつまずきについて「コスト意識やロジスティクス感覚を欠如した状態のまま、民間委託の制度設計を行ってしまった」、「教育関係者との『もちつもたれつ』の関係が、教育企業にも通用すると思っていて、企業の営利活動に対する認識の甘さがあった」との非常に的確な指摘をされています。

これからの教育ＤＸにおいて、これらの指摘に行政関係者は真摯に耳を傾け、幅広い視野をもつ人材を育成し確保していかなければなりません。

Ⅶ章

教育DXの道程の最初の一歩

教育が変わる実感

これまで、デジタル技術、中でもデータ利活用から見えてくる教育DXのこれまでとこれから進む先の姿、そこに向かう道程で乗り越えるべき壁について触れてきました。

最終章では、それらの総括として、学校現場や取り巻く教育界が、これからの教育DXの道のりを進んでいくに際し意識してほしい点を再度、別の視点から取り上げてみます。

今、各学校では、端末などICT機器をどこでどう活用しようか、Ⅲ章で紹介したDXの第一段階であるデジタイゼーションに取り組んでいるところが多いと思います。従来のやり方を変えることとなり、新たに覚えなければならない手順も発生し、負担と感じることも多いと思います。

特に中学校や高等学校等の教科担任の教職員にとっては、これまで慣れ親しんできた授業の進め方を変えることへのとまどいや拒否感もあると聞きます。各教科でのICT活用に必要性が感じられないという声もあります。これは中学、高校になるほど、学びの三要素のうち「知識及び技能」が入試に必要だとして重視されることも一因と考えられます。

まずは、ICTが負担ではなく、子供たちの学びを劇的に変えるものなのだという実感がもてるようになる段階、デジタライゼーションの段階に至る必要があります。そのためには、従来のやり方を変えずにどこでICTを取り入れるかという発想にとどまっていては、いつまでも面倒な、特

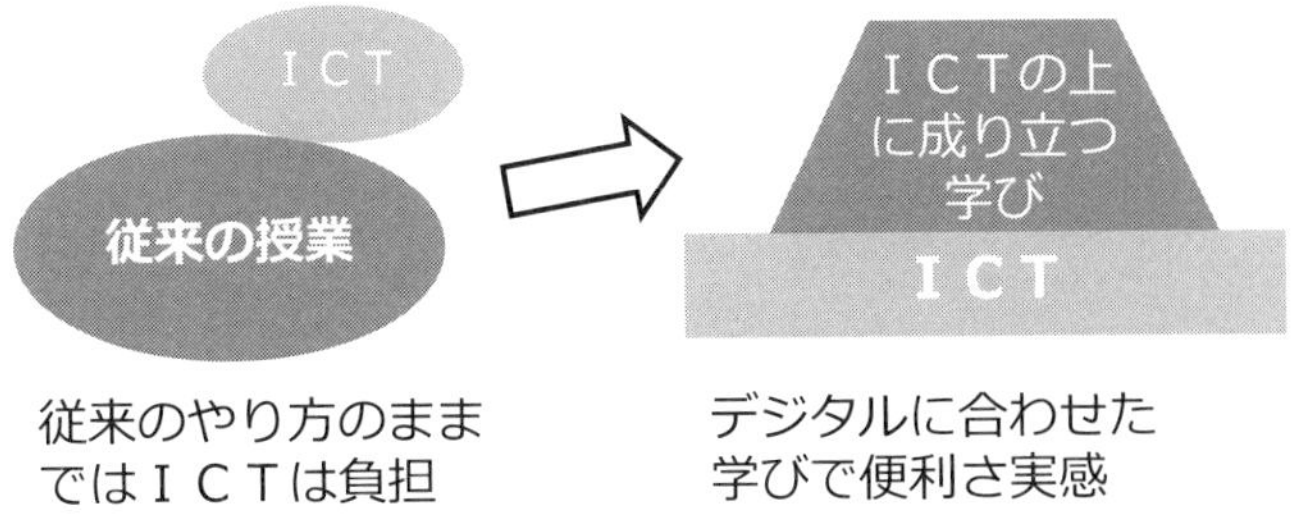
ＩＣＴ
従来の授業
ＩＣＴの上
に成り立つ
学び
ＩＣＴ
従来のやり方のまま
ではＩＣＴは負担
デジタルに合わせた
学びで便利さ実感

図Ⅶ-1　教育 DX のエコシステム
筆者作成

別なものから抜け出せません。

　具体的な手法に関する情報はすでに広く出ているのでそちらに譲り、ここでは意識の転換に触れたいと思います。

　それは、教育にＩＣＴを取り入れる意識から、すでに社会のインフラであるデジタルが、これからの教育の基盤であるということを大前提として、そのＩＣＴという基盤の上に成り立つ学びはどんなものかをつくり上げていくという意識への変化です（図Ⅶ－1）。

　この考え方を教育の側から表現しているのが、学校現場におけるＩＣＴ活用を示すレベルとして、二〇一〇年に提唱されたＳＡＭＲ（セイマー）モデルです（図Ⅶ－2）。

　これは教育でのＩＣＴ活用を、「代替」、「拡大」、「変更」、「再定義」の四段階で表現したモデルです。この「拡大」と「変更」の間には大きな違いがあります。「変更」とは学習内容そのものがデジタルに合わせて変わるもので、アナログへの代用ができなくなる段階です。これがＤＸでいう第二段階のデジタライゼーシ

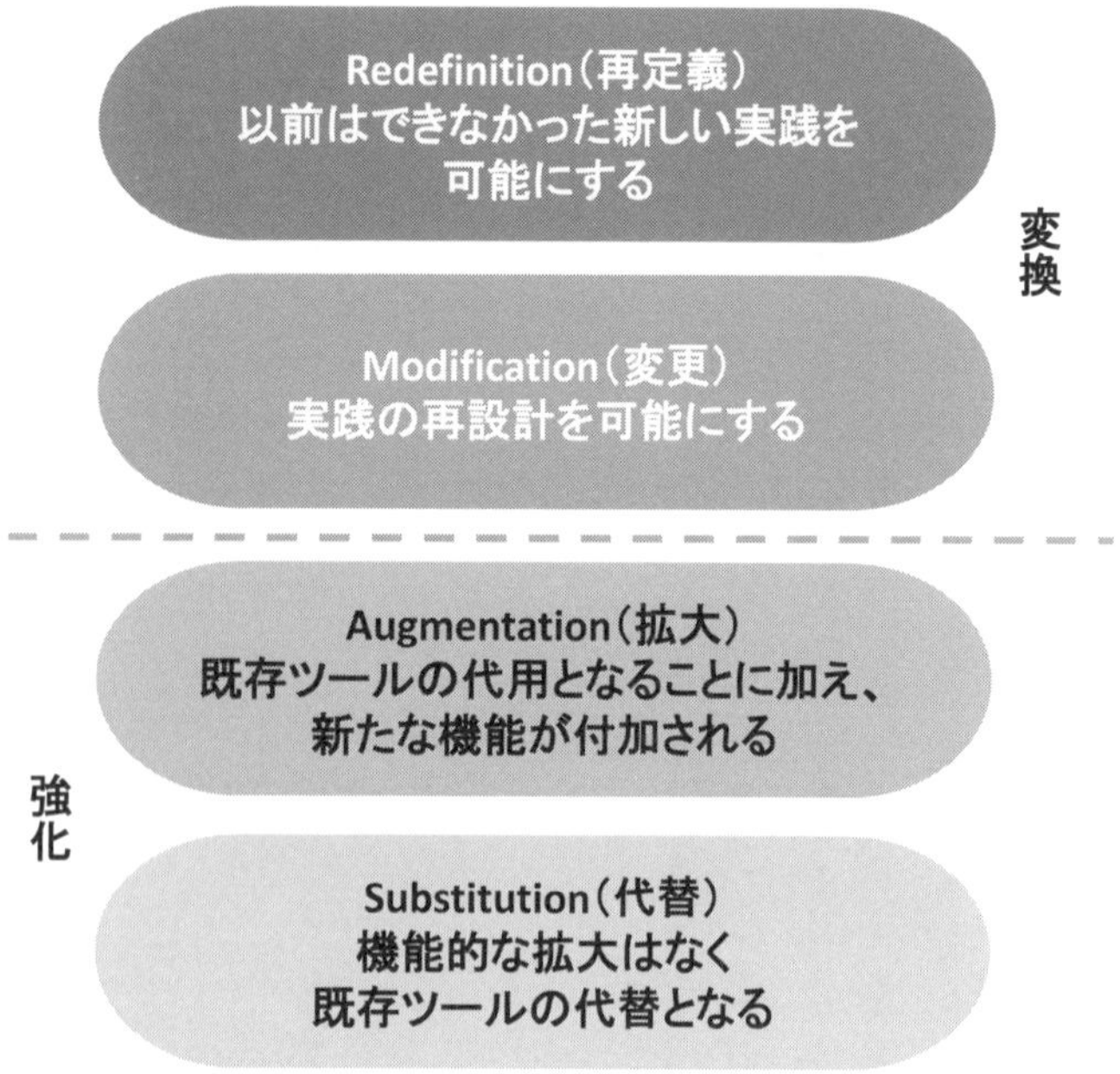

図Ⅶ-2　SAMR モデル
出典：Ruben R. Puentedura（2010）、三井（2014）を基に筆者作成

ヨンであるとも言えます。Ⅲ章で紹介したような利活用が進む学校からは「子供たちの学びが変わった」との声が聞かれます。利活用の「腹落ち」という表現も使われます。この段階をぜひ教育関係者に感じてほしいと思います。

教育とともに、校務での便利さも実感してほしいと思います。それにはＧＩＧＡ「スクール」の名称のとおり、「学校」ぐるみのＤＸを進めることが肝心です。

学校内の情報収集、決定プロセスなど、これまで段階的に進めてきた業務プロセスはＤＸで大幅に効率化できます。そうすれば従来の教職員間の業務分担、指揮命令系統も抜本的に見直すことができます。保護者からの連絡を一斉に集計できるのであれば、児童生徒と担任を通じる手間など不要なはずです。

デジタル化を進めようとしている民間企業はじめ、他の多くの分野の組織でも、ＤＸには業務の改革も含まれるということに気付かず、デジタル機器を導入したものの逆に職員が多忙で苦しむ例が頻発しています。更には業務プロセス改革の必要性に周りは気付いても、従来のやり方に執着する少数の人の協力が得られずＤＸが頓挫する例などもあります。

Ｖ章で触れた過剰なルールや規制が、知らず知らずのうちに学校業務プロセスにもないでしょうか。職員が負担と感じるものは学校に根付きません。できる人から、学校外の様々な情報も参考にしながら学校ＤＸを進める必要があります。

校務ＤＸも様々な具体例が文部科学省の StuDX をはじめ紹介されているので、積極的に取り入れてほしいと思います。

教育格差の急激な拡大への危機感

一人一台端末の導入で、いち早くデジタライゼーションの段階に至って子供たちが生き生き学び始めている学校と、利活用が進まない学校との格差が広がっていることに触れました。

利活用を進めている学校は、ＩＣＴを普段使いしている教師や子供たちが、更に様々な利活用法を見いだしながら学びを進化させています。学びの三要素も育成されていきます。一方で、利活用が進められない学校は、このような先を進む学校の進化に追いつけなくなるほどの差が広がっていくことが強く懸念されます。

社会全体の急激な変化に合わせ、教育でも大変革が進行中です。

初等中等教育だけ見ても、一人一台端末のＧＩＧＡスクールに合わせ、デジタル教科書の導入、全国学力・学習状況調査のＣＢＴ化、更にはプログラミング教育などが進められています。高等学校では「情報Ｉ」が必履修となります。

更に高等教育でも、令和七（二〇二五）年度の大学入試からは教科「情報」が導入されるとともに、社会のＤＸ化で求められる人材育成のため、情報科学を筆頭に大学の理系学部転換が急ピッチで進められています。

社会がそれだけ変わっているのです。

教育界では四〇年ギャップ説が言われています。教育は子供たちが社会に出て活躍する二〇年後を見据える必要があるが、教育をする人や教育を語る人は自分が児童生徒として受けた二〇年前の教育にとらわれ、時代の変化に対応できないという話です。教育は絶対に紙と黒板の時代には戻りません。従来の教育にとらわれた「事なかれ」のままだと、学校間格差のみならず、教育の変革からも取り残されて状況は悪化するばかりです。その悪化した状況が子供たちの姿として表面化するのは数年後、それは現在の学校管理職の退職後かもしれません。教育者としての矜持が問われます。

教育が主役の意識

教育ＤＸを進める主役は教育者であるという意識の重要性についても、再度指摘しておきたいと思います。

Ｖ章で、教育ＤＸを進めるには、オピニオンリーダーやアーリー・アダプターという先導者の存在が鍵だと述べました。一方で、序章では、コロナ禍で先導者としての役割を果たそうとしていた教師の取組が止められたとの声を紹介しました。この事例から分かるのは、意欲的な教職員が教育ＤＸの牽引役としての役割を果たすには、彼らがやりたいことに思う存分挑戦できる裁量、更に周りも失敗を許容する環境が与えられる必要があるということです。

個人だけではありません。学校全体で進んでいくには学校に裁量や周辺環境が必要ですし、自治体レベルでも同様です。これらの必要性が意識されにくいのは、序列志向など閉鎖的集団の特徴とも重なります。繰り返しますが、教育現場の現状を最もよく知るのは現場の教職員、学校です。先導役が教育ＤＸの主役として活躍する舞台を準備することが肝心です。

自治体が主導して教育ＤＸの先頭を進んでいる例として、埼玉県戸田市の例が全国的にも知られています。戸田市は東京都に隣接する人口一四万人余りの市で、市内に小学校が一二校、中学校が六校あります。子育てがしやすく、県内で最も若い街です。子育てしやすい理由の一つが、早くから学校でICTを「マストアイテム」として活用し尽くしていることが挙げられます。

これは、国の多くの審議会等で活躍される戸ヶ崎勤教育長の手腕が発揮された結果と言えます。教育委員会は学校と伴走するものだとの信念の下、産学官民の多くの関係機関と連携して「戸田市SEEDプロジェクト」と呼ばれる教育改革を推進しています。SEEDとは次の四項目の頭文字を取ったものです。

Subject　主体的・対話的で深い学び推進のための戸田型授業改善モデル
EBPM　自治体でのEBPM実践に向け戸田市教育政策シンクタンクの設置
EdTech　ICTの文具的活用と学びの改善
Project-based Learning　実社会のリアルな課題を探究的に解決する学びの推進

閉鎖性など、本文で触れた乗り越えるべき壁も十分に意識されていますし、データ利活用への取組も進んでいます。何より教育委員会が主導している事例です。

教育DXの先頭を行く戸田市の取組は、まさに教育委員会のイノベーター、アーリー・アダプターです。同じことを一から始めるのは難しいですが、戸田市の事例は具体的な実践例も含め様々な場で積極的に情報発信されています。教育長も他の自治体での活用を望んでいます。まずはその情報に接しながら、歩みを進めていけたらと思います。

教育界全体としても、教育DXの主役は自分たちだと意識して振る舞ってほしいと思います。当たり前と思われるかもしれません。しかし、かつては初等中等教育に対し、大学や産業界はじめ外部から、学校でのICT利活用に関する様々な要請、注文、働きかけがありました。それらがGIGAスクール構想の実現につながった側面もあるものの、直接的でない学校教育自体への提言なども見られ、教育界はICT利活用の遅れから受け身にならざるを得ませんでした。

今や攻守逆転です。世界トップレベルの教育ICT環境の下で、国際的な学習到達度調査であるPISA2022でも良好な結果を示すなど、日本の教育は諸外国から注目される存在となっています。一方で、国際経営開発研究所（IMD）の調査によれば、日本のデジタル競争力ランキングは年々低下の一途をたどり、二〇二三年は三二位と、調査開始以来最低を更新しています。教育ICT環境の更なる向上とともに、子供たちが巣立っていく社会をよりよいものとするため、大学や産業界はじめ各界に対し、教育界が自信をもって積極的に物申すときです。

顧客と向き合う企業

教育DX市場は混乱しています。営利企業が利益のみを追求しているだけでは、とても健全な自由市場とはなり得ません。

産業界には、CSR、企業の社会責任を十分意識してほしいと切に願います。教育DXの受益者は教育現場、子供たち学習者です。企業は教育界に与える影響に責任をもち、教育現場や子供たちはじめあらゆるステークホルダーが満足するように、倫理的観点からも適切な意思決定をすることが社会の一員としての責務と言えます。CSRを尊重する企業は、消費者のみならず社会から評価され、市場からも受け入れられていくことになります。

令和五（二〇二三）年三月、文部科学省は「教育データの利活用に関する留意事項」というガイドラインを発出しました。学校現場にデータ利活用の留意事項を示しています。一義的には教育関係者に不足しているデータ利活用への理解を補助するためのガイドラインです。しかし、データ利活用は企業の製品を通じて行われるものです。実際にガイドラインでは新規ソフトウェアの契約・導入の際の留意事項など事細かに挙げられています。多忙な学校関係者にこのガイドラインの習得が求められます。

本来デジタル化は利便性をもたらすものです。その実現には企業も大きな役割を果たします。扱いに多くの注意が必要な製品への利便性は、どこまで学校現場が実感できるでしょうか。教育委員会や学校現場からは、データの扱いなど企業に問い合わせても満足な回答が得られないとの声も多く聞きます。製品供給側である企業は、このような細かなガイドラインを学校が習得する苦労、更にはそもそも国が消費者である学校現場に提示せざるを得なくなった事実にも思いを巡らせてほしいと思います。

学術界によるシーズ創出と牽引

教育DXの歩みを進めるには学術界、アカデミアにも、より具体的、直接的な役割が期待されます。データサイエンスの際に触れましたが、学術界が研究でシーズを生み出し、社会のニーズとマッチングさせ、産学連携を通じて社会実装につなげるというプロセスは、自然科学分野では普通に行われる手法です。令和の教育にふさわしいサービスを研究から生み出し、企業と連携して現場への実装につなげていく期待は高まっています。

そのための方策の一つとして、いま科学界では当たり前の異分野連携、異分野融合によるオープンイノベーションを教育分野でも積極的に実践してほしいと思います。

新たな知のシーズを生み出すには、従来の学問分野では限界があります。例えば医療分野で診断や手術などに用いる医療機器は、医工連携と呼ばれる医学と工学双方の最先端の研究が融合して生み出されるものです。

これからの教育DXも同じです。教育学内も細分化された枠内にとどまる限り、研究者が研究分野の閉鎖性の罠にかかることもあります。教育学分野相互間での連携は当然ながら、工学や情報学、倫理学や社会学、更にはこれまで考えもしなかった分野との連携が広がっていくことにより、研究が飛躍的な発展を遂げ、よりよい教育の姿が見えてくることは、これまでの様々な学問分野の事例から間違いありません。

教育学術界も閉鎖性の罠に捕らわれないよう注意が必要です。

教育ＤＸのエコシステム構築に向けて

元来生態系を意味する「エコシステム」という言葉が、ＩＴやビジネス分野で使われるようになりました。動植物が食物連鎖などで互いに依存しながら生態を維持し繁栄させるように、様々な企業や人が依存関係や協調関係で結び付きながら、共創・共栄していく様を表現したものです。

従来から企業間や顧客との関係は存在していたものの、このような表現が一般的になったのは、社会の急速なＩＣＴ化で、様々な連携が可視化され、容易になったことに加え、急速な技術の変化に応じて企業や人の関係もよりダイナミックに、オープンに変動していくことが当たり前となってきたことが挙げられます。

教育ＤＸが、これから持続的に発展していくためには、産業界のみならず教育現場や学術界との間で、どのような関係を構築することが理想となるでしょうか。その姿を教育ＤＸエコシステムとして図Ⅶ－３と整理してみました。

学校は教職員と共に目指す教育像を共有し、教職員はその教育像の実現につながるデジタル技術

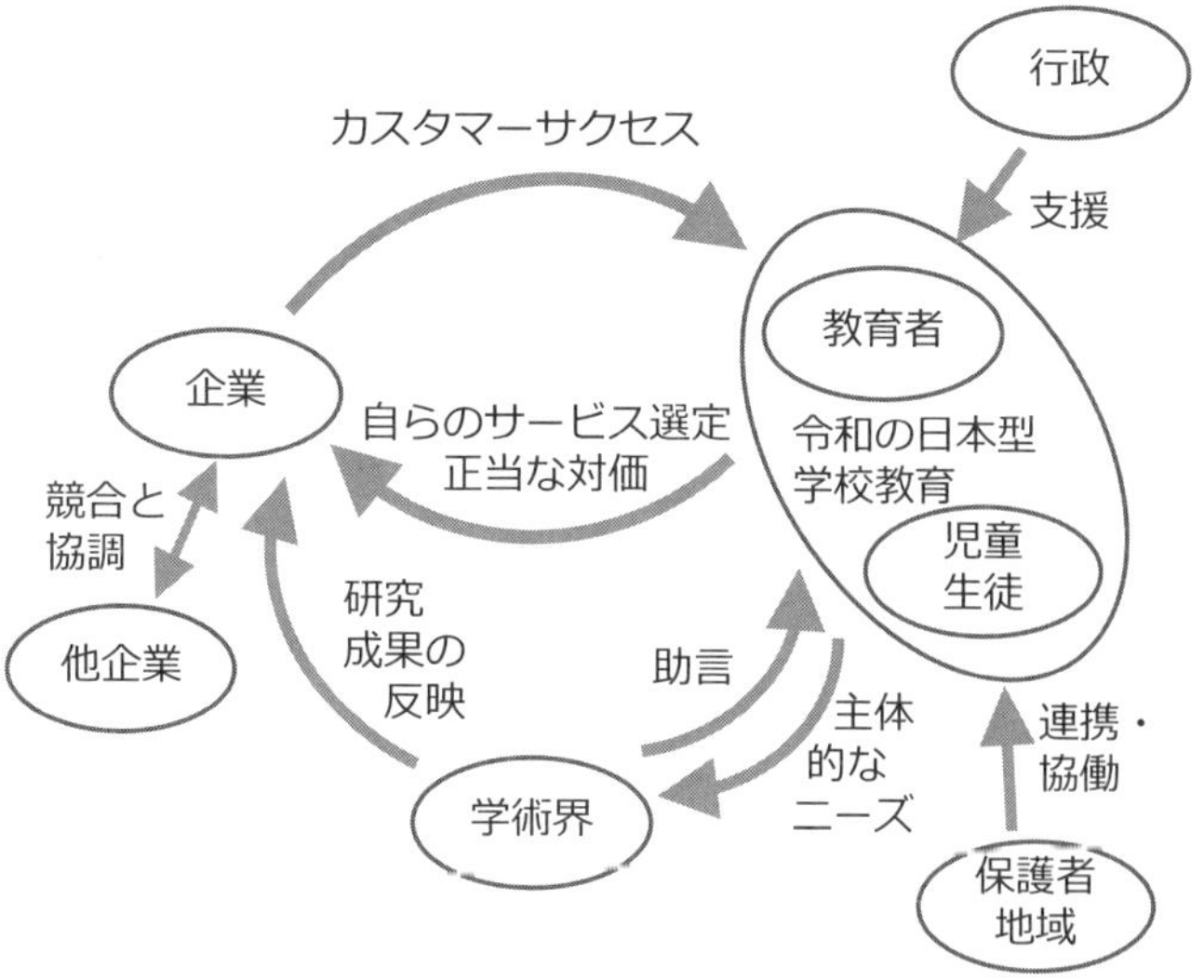

図Ⅶ-3　自律的な教育DXのエコシステム
筆者作成

を、担保可能な予算の範囲で、自身の裁量で選択していく姿が求められます。これには学校現場の端末、クラウド、通信というICTインフラが堅固なものであることは大前提です。

これで自由市場が担保されれば、企業は、自社の製品を学校現場に導入してもらえるよう、カスタマーサクセスを第一に、現場の教職員の声を常に聴きながら価格に見合った製品の機能向上に切磋琢磨していくことになります。自社の強みを生かしつつ、他との連携も拡大することになるでしょう。このサイクルが絶え間ない良質な製品の提供、サステイナブルな教育DXの発展につながります。

学術界では、様々な分野が連携しなが

ら、学校現場と共にデジタルがもたらす新たな教育像を積極的に創造、提案し、企業を通じ製品やサービスにつなげていってほしいと思います。

このような姿を持続的に維持し発展させていくためには、学習者や保護者はもとより、地域社会全体が、教育ＤＸエコシステムの一員として継続的に関与することも望まれます。

本書を手に取っていただいた読者の皆様には、子供たちにＩＣＴでどんな教育を望むのか、またデジタル技術の視点から、経済負担も含めた教育環境の在り方や個人情報の扱いなど、様々関心をもち続けていただきたいと思います。そして、ときには声を上げていってほしいと思います。保護者会、地域学校協働活動は直接働きかけられる効果があります。ＳＮＳ、更には自治体への投票行動なども十分左右する力があります。

学校現場で日々活躍される教職員の方々や、何より未来を生きる子供たちに、等しく教育ＤＸの利益が享受される必要があること、その実現のため社会全体がまずは一歩を踏み出し、その歩みを止めてはならないことは、いくら強調しても強調し過ぎることはないでしょう。

参考文献

序章

中原淳監修／村松灯、田中智輝、高崎美佐編著『学校が「とまった」日～ウィズ・コロナの学びを支える人々の挑戦～』東洋館出版社、二〇二一年

Ⅰ章

浅野大介『教育DXで「未来の教室」をつくろう～GIGAスクール構想で「学校」は生まれ変われるか～』学陽書房、二〇二一年

中央教育審議会「幼稚園、小学校、中学校、高等学校及び特別支援学校の学習指導要領等の改善及び必要な方策等について（答申）」平成二八年一二月

栄光ゼミナール「小中高生の家庭の職業観に関する意識調査」二〇二三年一〇月

遠藤利明、中川正春、盛山正仁、石橋通宏『学校教育の情報化～学校教育の情報化の推進に関する法律の解説と予算措置～』大成出版社、二〇二〇年

平井聡一郎編『GIGAスクール構想で進化する学校、取り残される学校』教育開発研究所、二〇二一年

石戸奈々子編著『日本のオンライン教育最前線～アフターコロナの学びを考える～』明石書房、二〇二〇年

国立教育政策研究所「OECD生徒の学力調達度調査2018年調査（PISA2018）補足資料（生徒の学校・

学校外におけるＩＣＴ利用)」令和元年一二月

教育の未来を研究する会編『最新教育動向２０２２〜必ず押さえておきたい時事ワード60＆視点１２０〜』明治図書出版、二〇二一年

McKinsey & Company Report "The economic potential of generative AI: The next productivity frontier" June 14, 2023

文部科学省「『デジタル教科書』の位置づけに関する検討会議　最終まとめ」平成二八年一二月

文部科学省「小学校学習指導要領（平成二十九年告示)」、「中学校学習指導要領（平成二十九年告示)」、「特別支援学校小学部・中学部学習指導要領（平成二十九年告示)」、「高等学校学習指導要領（平成三〇年告示)」、「特別支援学校高等部学習指導要領（平成三十一年告示)」

文部科学省「学校における教育の情報化の実態等に関する調査　平成三〇年度結果概要」平成三一年三月

文部科学省「新時代の学びを支える先端技術活用推進方策（最終まとめ)」令和元年六月

文部科学省「小学校プログラミング教育の手引（第三版)」令和二年二月

文部科学省　Society 5.0 に向けた人材育成に関する大臣懇談会他「Society 5.0 に向けた人材育成〜社会が変わる、学びが変わる〜」平成三〇年六月

前田康裕監修／佐藤明彦著『ＧＩＧＡスクールマネジメント〜「ふつうの先生」がＩＣＴを「当たり前」に使う最先端自治体のやり方ぜんぶ見た。〜』時事通信社、二〇二二年

内閣府「第5期科学技術基本計画」平成二八年一月閣議決定

高橋純編著『はじめての授業のデジタルトランスフォーメーション〜Chromebook と Google Workspace for

Education を活用した授業改善～』東洋館出版社、二〇二一年

Ⅱ章

コリンズ、A.、ハルバーソン、R.著／稲垣忠編訳『デジタル社会の学びのかたち　Ver. 2～教育とテクノロジの新たな関係～』北大路書房、二〇二〇年
東原義訓「我が国の小中学校を対象とした教育の情報化の進展」、『情報処理学会論文誌：教育とコンピュータ（TCE）』六巻二号、一－一五頁、二〇二〇年六月
文部科学省『『学びのイノベーション事業』実践研究報告書』平成二六年四月
文部科学省「教育の情報化に関する手引」令和元年一二月
全国的な学力調査に関する専門家会議　平成31年度英語「話すこと」調査検証ワーキンググループ「平成31年度（令和元年度）全国学力・学習状況調査　中学校英語『話すこと』調査検証報告書」令和元年九月

Ⅲ章

ベネッセ教育総合研究所「小中学校の学習指導に関する調査2021」二〇二二年
中央教育審議会「『令和の日本型学校教育』の構築を目指して～全ての子供たちの可能性を引き出す、個別最適な学びと、協働的な学びの実現～（答申）」令和三年一月
中央教育審議会初等中等教育分科会　質の高い教師の確保特別部会「教師を取り巻く環境整備について緊急的に取り組むべき施策（提言）」令和五年八月

堀田龍也、佐藤和紀、三井一希、渡邉光浩監修『続　GIGAスクールはじめて日記』さくら社、二〇二二年
堀田龍也、山本朋弘、佐藤和紀、三井一希編著『GIGAスクールはじめて日記　3～情報端末持ち帰り～』さくら社、二〇二三年
カーニハン、B.著／坂村健解説／酒匂寛訳『教養としてのコンピューターサイエンス講義～今こそ知っておくべき「デジタル世界」の基礎知識～』日経BP、二〇二〇年
文部科学省「学習者用デジタル教科書の効果的な活用の在り方等に関するガイドライン」平成三〇年一二月、令和三年三月改訂
文部科学省　遠隔教育の推進に向けたタスクフォース「遠隔教育の推進に向けた施策方針」平成三〇年九月
信州大学教育学部附属次世代型学び研究開発センター編著／信州大学教育学部　教育学研究科　附属学校園著／堀田龍也監修『ICTを使いこなせる教員養成講座～1人1台端末とクラウド環境で授業できるようになるために～』さくら社、二〇二三年
高橋純『学び続ける力と問題解決～シンキング・レンズ、シンキング・サイクル、そして探究へ～』東洋館出版社、二〇二二年

Ⅳ章

デジタル庁、総務省、文部科学省、経済産業省「教育データ利活用ロードマップ」令和四年一月
ICT CONNeCT 21「学習eポータルに関する専門家会議議事概要」
一般社団法人データ流通推進協議会監修『図解入門ビジネス　最新　データ流通ビジネスがよ～くわかる本』

秀和システム、二〇二〇年
北川源四郎、武村彰通編／内田誠一、川崎能典、孝忠大輔、佐久間淳、椎名洋、中川裕志、樋口知之、丸山宏著『教養としてのデータサイエンス』講談社、二〇二一年
国友直人、山本拓編『統計と日本社会～データサイエンス時代の展開～』東京大学出版会、二〇一九年
教育再生実行会議「ポストコロナ期における新たな学びの在り方について（第十二次提言）」令和三年六月
松岡亮二編著『教育論の新常識～格差・学力・政策・未来～』中公新書ラクレ、二〇二一年
文部科学省「教育情報セキュリティポリシーに関するガイドライン」令和四年三月
中室牧子『「学力」の経済学』ディスカヴァー・トゥエンティワン、二〇一五年
日本学術会議　心理学・教育学委員会・情報学委員会合同教育データ利活用分科会「教育のデジタル化を踏まえた学習データの利活用に関する提言～エビデンスに基づく教育に向けて～」令和二年九月
総務省「平成29年版情報通信白書～データ主導経済と社会変革～」平成二九年七月
竹村彰通『データサイエンス入門』岩波新書、二〇一八年
苫野一徳『学問としての教育学』日本評論社、二〇二二年
山本龍彦『おそろしいビッグデータ～超類型化AI社会のリスク～』朝日新書、二〇一七年
吉野月華「全国学力テストで浮上『学習データ』の活用問題　児童生徒や保護者から『許諾』を得ているか？」東洋経済ONLINE記事、二〇二三年三月一五日

Ⅴ章

中央教育審議会「『令和の日本型学校教育』の構築を目指して～全ての子供たちの可能性を引き出す、個別最適な学びと、協働的な学びの実現～（答申）」令和三年一月
池田謙一、唐沢穣、工藤恵理子、村本由紀子『社会心理学　補訂版』有斐閣、二〇一九年
松井豊、宮本聡介編『新しい社会心理学のエッセンス～心が解き明かす個人と社会・集団・家族のかかわり～』福村出版、二〇二〇年
太田肇『同調圧力の正体』ＰＨＰ新書、二〇二一年
坂本旬、芳賀高洋、豊福晋平、今度珠美、林一真『デジタル・シティズンシップ～コンピュータ1人1台時代の善き使い手をめざす学び～』大月書店、二〇二〇年
特集「学校の『横並び文化』はこのままでよいのか？～『誰一人取り残さない教育』の実現に向けて～」、『教職研修』二〇二一年一一月号

Ⅵ章

青木栄一『文部科学省～揺らぐ日本の教育と学術～』中公新書、二〇二一年
情報処理推進機構　ＩＴ人材育成本部編「ＩＴ人材白書２０１７」平成二九年四月
川上清市『図解入門業界研究　最新　教育ビジネスの動向とカラクリがよ～くわかる本　第3版』秀和システム、二〇二一年
近藤博之「教育費の公私負担意識～社会空間アプローチによる世論の分析～」、『教育社会学研究』第一〇四集、

東洋館出版社、二〇一九年
西山圭太『DXの思考法～日本経済復活の最強戦略～』文藝春秋、二〇二一年
斎藤昌義、後藤晃『システムインテグレーション再生の戦略～いまSIerは何を考え、どう行動すればいいのか？～』技術評論社、二〇一六年
総務省「令和3年版情報通信白書～デジタルで文える暮らしと経済」令和三年七月

Ⅶ章

International Institute for Management Development "World Digital Competitiveness Ranking（世界デジタル競争力ランキング）" 二〇二三年一一月三〇日
三井一希「SAMRモデルを用いた初等教育におけるICT活用実践の分類」、『日本教育工学会研究報告集』14(2), 37-40, 2014-05-17
森下孟、青木一編著『教師をめざす人のための臨床経験の理論と実践～「臨床の知」が拓く教員養成課程～』北大路書房、二〇二三年

あとがき

筆者は平成三〇年に初めて教育関係業務に直接携わりました。

教育現場を訪問したり、教育委員会や私学の関係者の方々のお話をお伺いしたりする中で強く感じたのは、本当に教職員はじめ関係者の方々が日々教育に奮励されているということです。学びに向かうのが苦手な児童生徒への丁寧な対応などには、本当に頭が下がる思いです。そして、その教育が、全国三万を超える学校で、一〇〇万人もの教員をはじめとする関係者によって日々実践されているという日本の教育界全体にも驚きと誇りをも感じます。

ただ、その教育の一部に、教育界自身が気付いていない社会の潮流との齟齬があるのも事実です。その齟齬の一つがかつてのICT利活用でした。ICTについて筆者が特に憂慮すべきと感じたのは、物理的な整備や活用の遅れ自体はもとより、その状況への問題意識がむしろ教育外で広がっていたこと、そして、それを教育関係者は気付いていないばかりか、逆に外部の問題意識に警戒感さえ示していたことです。

筆者のGIGAスクール立ち上げにおいては、これ以外にも様々感じたことがありました。そのような話をしていたところ、複数の方から、これからの教育DXにおいても役立つ視点があるので、文字に残してみないかとのお話をいただいたのが本書初版のきっかけです。

外国人から見た日本の長所・短所を紹介する番組があります。こういった番組は、日本に住んでいては当たり前すぎる事柄への鋭い指摘があり、日本や自分自身を再発見できることが魅力です。この本では同様に、外の視点から見た教育ICTの景色を少しでも教育界の読者の方に感じ取っていただきたいと考えています。

また、これには筆者個人として、原子力分野の内側に長く携わっていた経験も踏まえています。福島第一原子力発電所の事故対応など担当する中で、業界内にいた自分自身の現状認識の薄さと外部の視点の重要性に強烈に気付かされる経験は、自身の価値観が変わる契機となりました。

具体的な執筆に当たっては、教育でのICT利活用の黎明期からGIGAスクールに至る流れ、更に今後の教育DXを一つの道程とイメージしてみました。教育のICT化は教育界の先人たちが挑戦してきた道の上にあること、そしてこれからは、誰よりも教育界自体が主役となって道を進んでいってほしいとの筆者の大きな期待も込めています。


その後、初版『「GIGAスクール」を超える』執筆から二年、GIGAスクール構想始動から五年が経過し、学校のICT化は確かに進みました。各学校での端末更新を迎えるタイミングにも至っています。ところが、残念ながら当初思い描いていたように進んでいるとは言えません。

多くの教育関係者はＧＩＧＡスクール構想の着実な実現に向け、本当に日々奮励努力を続けてくださっています。しかしながら、その取組には空回りしているものも多く見られます。コスト意識の不足から、かつて「焼畑農業」と揶揄された時代のように、あるいはそれ以上に多額の無駄が生じつつあるようにも見えます。ＧＩＧＡスクール構想で、全ての教育現場での持続可能なＤＸの姿を目指した筆者からすれば、個人的な歯がゆい思いもさることながら、教育現場の更なる混迷と教育ＤＸの停滞・瓦解への強い危機感をもっています。これが改訂版で大きく加筆するに至った経緯です。

特に本書の後半部分は、関係者には耳が痛いこともあるかもしれません。しかし、社会全体で自律的な教育ＤＸエコシステムを構築していくためには、真正面から取り組むべき課題として指摘せざるを得ないものばかりと確信しています。

筆者はこれからも、教育界に閉じない自身の独特の視点から、教育ＤＸを進める一助になっていきたいと思っています。

初版の執筆に当たって、まずは教育データ利活用の学術界における第一人者で、日本学術会議で提言を取りまとめた教育データ利活用分科会の美濃導彦主査にお礼申し上げたいと思います。理化学研究所情報統合本部長として、巧まずして筆者の上司となったご縁もあり、不肖の部下の執筆全文に丁寧に指導いただくとともに多くの気付きをいただきました。

茨城県つくば市の森田充教育長、中村めぐみ指導主事、みどりの学園義務教育学校毛利靖校長には、黎明期の貴重な資料のご提供や現状の取組の紹介などいただきました。熊本県高森町佐藤増夫教育長、古庄泰則教育推進員には筆者訪問に関する記載にご協力いただきました。高知県教育政策課武市正人様には、県全体の先進的な取組について、埼玉県戸田市の戸ヶ崎勤教育長、横田洋和次長には市の取組について、それぞれ貴重な情報提供をいただきました。埼玉県富士見市立水谷小学校、愛知県春日井市立高森台中学校には事例紹介を快諾いただきました（いずれも初版執筆時の肩書）。


更に改訂版執筆に際しては、教育情報化推進機構理事長の東原義訓信州大学名誉教授、長野県飯田市教育委員会事務局櫻田誠二主査、埼玉県久喜市教育委員会古田裕子先生、砂原小学校鈴木清照校長、富山県高岡市教育委員会川辺勝治参与、慶応義塾大学ＳＦＣ研究所梅嶋真樹特任准教授には、筆者訪問に快く対応いただき、様々先進的な取組の紹介をいただきました。

また富山市立芝園小学校國香真紀子校長、静岡県吉田町教育委員会学校教育課指導主事の平井奉子先生、更に久喜市教育委員会安部友輔専門官、久喜東小学校富山司校長、舩津大河事務主任には、ご多忙の中ＩＣＴ活用の好事例について丁寧にご紹介をいただきました。ほかにも参考となるお話をお伺いした企業や教育現場の多くの方々に感謝申し上げます（いずれも改訂版執筆時の肩書）。

何とか出版に至ることができたのは、東洋館出版社の大場亨編集部長ほか執筆のきっかけをつくってくださった皆様のおかげです。

何より、ＧＩＧＡスクール構想立ち上げを牽引された大臣や国会議員をはじめとする産学官の多くの関係者の方々には心より敬意を表するとともに、ときに足手まといとなったであろう筆者へ指導助言いただいたことに深く感謝申し上げます。

また、全国の教育委員会や学校現場で日々努力されているご担当や教職員の方々のほか、自治体、産業界、学術界等、教育ＤＸに取り組まれている全ての皆様にも敬意を表したいと思います。

髙谷浩樹

令和六年二月

＊筆者へのご意見やお問合せ：takaya.gigaschool@gmail.com

本書は二〇二二年七月に小社から刊行された『「ＧＩＧＡスクール」を超える～データによる教育ＤＸ実現への道程～』を大幅に加筆・修正し、改題したものです。

教育界とデジタル技術
改訂版　「GIGAスクール」を超える

2024（令和 6）年 3 月 31 日　初版第 1 刷発行

著　者　　高谷 浩樹

発行者　　錦織 圭之介

発行所　　株式会社東洋館出版社

〒101-0054　東京都千代田区神田錦町 2 丁目 9 番 1 号
コンフォール安田ビル 2 階

代　表　電話 03-6778-4343　FAX　03-5281-8091
営業部　電話 03-6778-7278　FAX　03-5281-8092
振替　00180-7-96823
URL　https://www.toyokan.co.jp

［印刷・製本］藤原印刷株式会社
［装幀・本文デザイン］中濱 健治

ISBN978-4-491-05434-6　　Printed in Japan